AF290562

Bibliografische Information der Deutschen Nationalbibliothek
Die Deutsche Nationalbibliothek verzeichnet diese Publikation in der Deutschen Nationalbibliografie; detaillierte bibliografische Daten sind im Internet über http://dnb.d-nb.de abrufbar.

Umschlaggestaltung & Satz: Stefan Berendes
Umschlagfoto: © by surfmin | www.photocase.com
Illustrationen: Christian Reinken | www.christian-reinken.de
Verlag: Vier Flamingos Verlag, Rheine
Realisation: Books on Demand GmbH, Norderstedt
ISBN: 978-3-928306-17-1

Team Kommunikaze

Hirnverbrannte Erde

Ausgewählte Texte 2003 - 2007

Inhalt

Facts

Fiction

Vorwort

Was wird man eigentlich damit?"

Diese Frage muss man sich, sofern man nicht irgendetwas mit Wirtschaft und/oder Unternehmensberatung Verbandeltes studiert, öfter anhören. Sie kommt meist wie aus der Pistole geschossen von Verwandten am Kaffeetisch. Und bis einem endlich eine halbwegs vernünftige Entgegnung eingefallen ist, haben die Fragesteller meist schon beschlossen, dass man damit wahrscheinlich eher nichts wird.

Aber halb so wild, denn als wir im Jahr 2003 – anfangs zu dritt – die Zeitschrift *Kommunikaze* gründeten, ging es gar nicht in erster Linie darum, „damit was zu werden". Wir wollten auch nicht „irgendwas mit Medien machen" oder mal „irgendwo einen Blick hinter die Kulissen werfen." Es ging darum, schreiben zu können, was man will, und wie man es will und darum, eine Zeitschrift herauszugeben, die wir selbst gerne lesen würden, weil man das leider sonst niemandem überlassen kann.

Interessanterweise ging es uns nicht allein so. Also kamen Autorinnen und Autoren hinzu, schrieben Artikel und Geschichten, es gab neue Ausgaben, erste Lesungen und – wer hätte es gedacht – schließlich auch immer mehr Leser. Einige Zeit verging, und plötzlich waren wir „damit" doch etwas geworden – nämlich fünf Jahre alt.

Das schien uns ein guter Anlass zu sein, die besten Texte dieser ersten *Kommunikaze*-Jahre gesammelt herauszugeben: eine ziemlich wilde Mischung aus zum Glück fiktiven und leider wahren Begebenheiten, die Sie, lieber Leser, auf den nächsten rund 130 Seiten mal zum Lachen und mal zum Kopfschütteln bringen und dabei hoffentlich gut unterhalten wird.

Und was wird man jetzt damit?

Vielleicht alles Mögliche, unsere Autoren geben sich jedenfalls alle Mühe. Vielleicht machen wir am Ende doch alle „was mit Medien" oder arbeiten in der Unternehmensberatung. Möglicherweise machen wir auch einfach weiterhin eine Zeitschrift, die wir selbst gerne lesen würden. Und wenn man es richtig macht, dann reicht das ja vielleicht auch schon aus.

Eventuell können Sie uns ja helfen: Wenn Sie irgendwo eine Menge zu sagen haben, und dieses Buch Ihnen gefällt, dann machen Sie uns bitte reich und berühmt! Wir warten nur auf Ihren Anruf! Wirklich, ganz ehrlich! Und wenn Sie nicht zu den Herrschern der Welt gehören, dann ist das auch nicht weiter schlimm. Empfehlen Sie uns einfach weiter, wenn Sie mögen. Lesen Sie unsere Zeitschrift, kommen Sie zu unseren Lesungen und lernen Sie am besten alles auswendig. Viel Spaß dabei!

Wir wünschen spannende Lektüre!

Osnabrück, im April 2008,

Team Kommunikaze

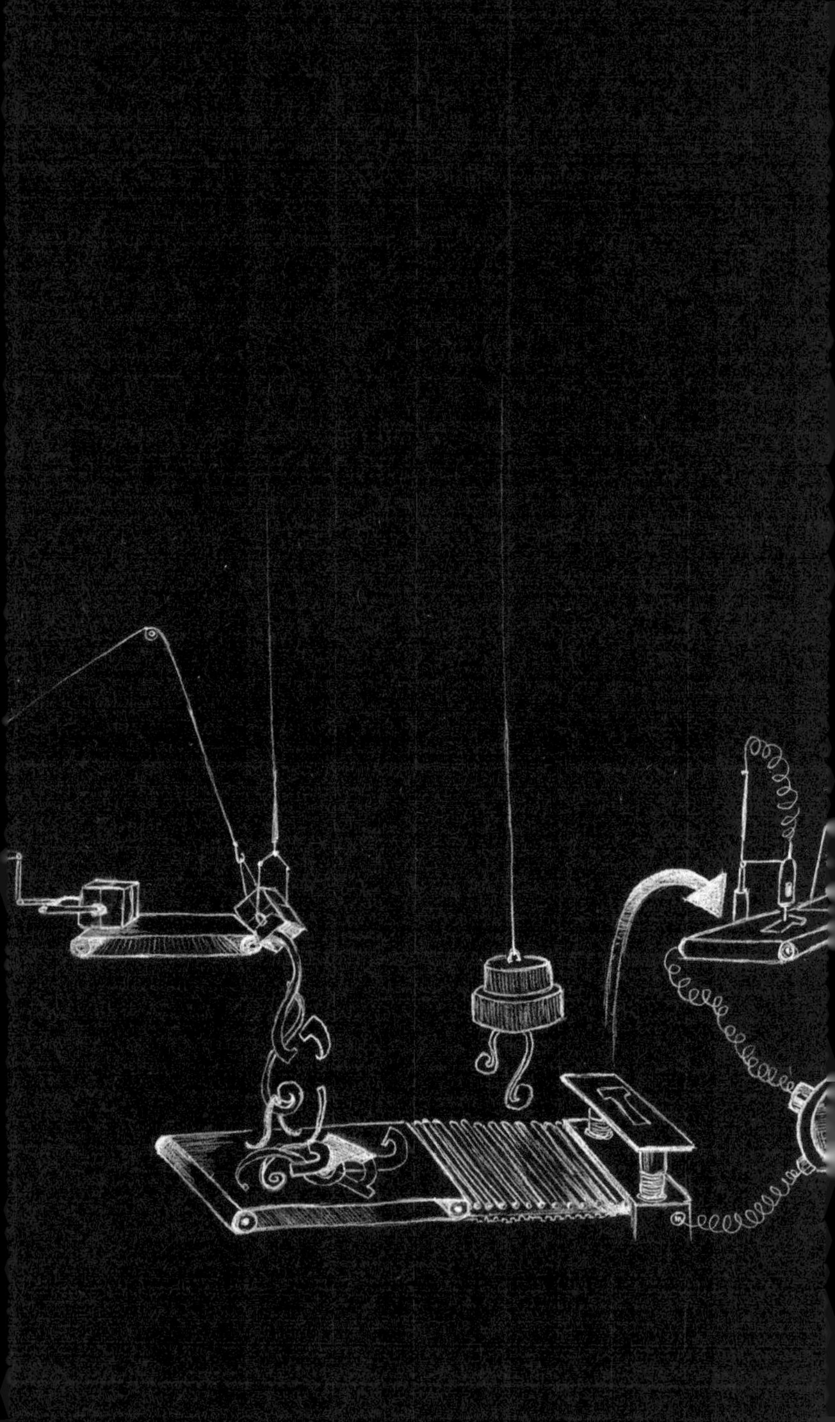

Facts

„Fakten, Fakten, Fakten!" - Kein Leitspruch passt besser auf eine der möglicherweise investigativsten Zeitschriften des ehemaligen Fürstbistums Osnabrück – die Kommunikaze. Seit 2003 decken unsere Redakteure immer wieder handfeste Skandale auf. Erinnern wir uns beispielsweise an den Fall „Pluto": Unsere Astronomieabteilung erkennt im Jahr 2006, dass der Himmelskörper viel zu klein ist, um Planet zu sein. Auf der anberaumten großen Fachkonferenz wurde der Skandal beseitigt. Pluto – seitdem zum Wohle der Menschheit ein Zwergplanet. Die größten Enthüllungs- und Komplottgeschichten haben wir zusammengestellt. Ein Portfolio aus fünf Jahren Weltgeschichte.

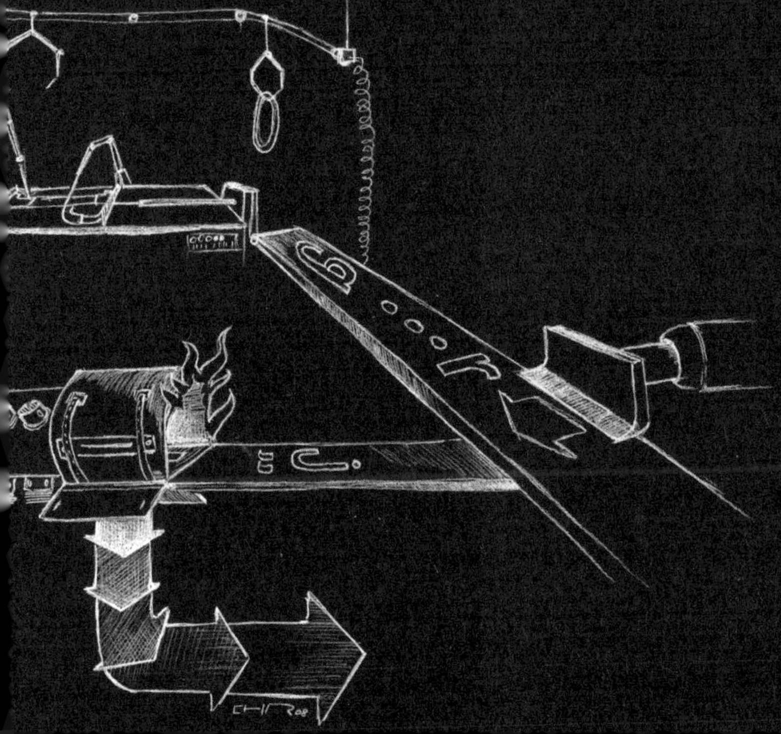

Abschiedsballade

Jan Paulin

Die Waschmaschine singt mir ein Lied. Eine traurige Schnulze für mich ganz allein. Alles, was sich in ihr dreht und schäumt, ist Modedreck. Seit Jahren ungetragen, immer tiefer in den Schrank geschoben und nun wieder ins Licht gezerrt. Zum Transport ins Endlager. Kein Herz mehr für rosa Hemden mit Stehkragen, Levis-Jeans mit verdrehter Außennaht und Jogginghose mit Druckknopfleiste. Bevor es in den Altkleiderbehälter geht, gebe ich den von mir angehäuften Modevergehen die letzte Ölung. Abgesang im Waschsalon.
Von Beileidsbekundungen an der Schleuder bitte ich Abstand zu nehmen, die Kondolenzliste liegt aus.

Der einlullende Takt der Wäschetrommel spült Erinnerungen hoch: die neongelbe Daunenjacke mit dem Rückenprint *Borderline Cruising*, in der ich immer aussah wie ein radioaktiv verseuchter Kanarienvogel. Dazu im Winter die Wollfäustlinge vom 1 FC. Kaiserslautern. Schlimme Dinge, die sich da unter mir drehen, während ich einfach mein Feuerzeug in die Luft halte und zur Melodie mitschwinge. Es ist schon spät, und ich bin betrunken, habe mich nicht lumpen lassen für mein kleines Altkleider-Charitykonzert im Waschsalon. Draußen laufen Leute vorbei und lachen über mich. Aber ich schließe die Augen und lache zurück. Sie sehen mich nicht, sehen nur einen besoffenen Kerl in feucht-fröhlicher Schnulzenlaune im Neonlicht sitzen, verkennen dabei den Ernst der Lage. Jeder hat Leichen im Wäschekeller. Wenn man mit einem Berg voll Klamotten, verteilt auf drei große Plastiktüten, von Bar zu Bar zieht, lernt man viele Menschen kennen. Zuerst glauben sie, du wärest gerade von zuhause rausgeflogen. Was soll man sich auch sonst denken? Heute mal einen ausgewaschenen Herrenslip statt Rosen für die Dame? Wohl kaum.

Doch wenn sie deine Geschichte gehört und sich in die Kondolenzliste eingetragen haben, dann kommen schon bald ihre eigenen Modevergehen zum Vorschein. Da war dieser Typ: Am Anfang erzählte er nur von irgendwelchen Hauspantoffeln in Elefantenform, die ihm seine Freundin geschenkt hatte. Doch als auch sein Alkoholpegel stieg, kam das Gespräch auf eine tarnfarbene Herrenhandtasche von Sabotage, die er in seinem Besitz hält. Letztes Jahr erst erstanden. Auch von Uli Stein-Boxershorts hatte ihn sein Geschmack nicht abhalten können. Ich ließ ihn zurück, während er noch etwas von Mäusen stammelte, die irgendwelche Schilder hochhalten und seine Zigarette am Filter anzündete. Mein Taxi war da: einmal ins Plitsch-Platsch bitte! Nein, keine Disko, ein Waschsalon!! Fahren sie, schnell!!!

Und so sitze ich nun hier, auf der schäumenden Welle meines eigenen modischen Unrats. Gleich kommt der Schleudergang, der Chorus zum Mitsingen. Sternspritzer wären gut. Wo seid ihr jetzt, ihr Couture-Kriminellen dieser Stadt? Ich brauche Mitschunkler. Eigentlich war es doch auch schön mit den quietschbunten Hawaiihemden, den Tennissocken in Sandalen und den Schweißbändern in allen Farben des Regenbogens. Dann eben allein: Sing mir mein Lied, Maschine! Spiel es nochmal! Der Rest der Welt reimt sich gerade so schön darauf. Wie das Leben, so ist die Mode ein Kreis: Schon stehen uns rosa Plusterröcke und Knautschsamtzylinder wieder ins Haus. Trimmt euer Achselhaar, solange ihr noch könnt, denn schon bald wird es wieder in sein, passend zum Schiesser-Feinripp-

Unterhemd. Auch Vokuhila kam zurück: als Trucker-Style.

Als wolle sich das Gerät beschweren, wird die Melodie beim Schleudern grimmiger. Bald wird sie versickern in den dunklen Kanälen unter unseren Straßen, hinabgepumpt von einem Münzautomat für drei Euro. Ein letztes Mal Luftgitarre, bevor der Klang vergessen sein wird. Für alle türkisfarbenen Leggins, für alle Palladium-Schuhe dieser Welt und für meinen Chiemsee-Pulli, den einst heißgeliebten: Farewell and goodbye. Wir sehen uns wieder, an einem sonnigen Tag. Und dann ohne Endschleudern. Versprochen.

Erschreckendes

Tobias Nehren

Erschreckendes ereignete sich in den Julitagen des Jahres 2006. Das große Fußballturnier war gerade vorüber und hatte das Land in einen nie erlebten Rausch geführt, einen Taumel der Gefühle. Viele weniger euphorisierte Beobachter hatten das Treiben der Fans, die sich lautstark feiernd durch deutsche Straßen bewegten, mit kritischen, ja teilweise angeekelten Blicken verfolgt. Aber was sich in diesen Tagen kurz nach der Fußballweltmeisterschaft auf einem Festplatz mitten in Nordrhein-Westfalen zutrug, dass bedarf einer kritischen Nachbetrachtung. Schon allein, um es herauszuschreiben aus dem Kopf und vielleicht auch aus den Träumen des Reporters, der dieses Elend, diese Abgründe menschlichen Daseins sehen, ja erleben musste.

Man mag sich in eine Militärparade des 19. Jahrhunderts zurückversetzt fühlen: Eine Menschenmenge, alkoholisiert und in feinen Zwirn gewandet, versammelt sich um eine runde Grasfläche, auf der eine Dame mittleren Alters gerade ihre Runden dreht.

Eine Einheimische, die ich mitgenommen habe, damit sie mir die Geschehnisse quasi synchron übersetzen kann, erklärt mir, dass dies die „Schützenkönigin" des Jahres 2005 sei, die gerade mit ihren „Hofdamen" das Volk begrüßt. Ach ja, denke ich: Die „Schützenkönigin" begrüßt also das „Volk". In ihrem Schlepptau befinden sich ca. 10 bis 15 mehr oder weniger junge Damen in Ballkleidern. Sie wedeln dem Volk ihre in Handschuhe aus Seide, oder irgendein Stoff der wenigstens aus der

Ferne aussieht wie Seide, gewandeten Hände, oder irgendetwas, das zumindest aus der Ferne an Hände erinnert, entgegen.

In der Mitte der Grasfläche sitzt derweil ein Mann auf einem Ross. Er ist, so wird mir erklärt, der „Schützenkönig", der seinen „Hofstaat" gerade dabei beobachtet, wie er die Parade abhält. Ich frage nach, wer denn neben ihm zu Fuß und zu Ross noch so steht, weil die ca. zehn uniformierten und mit Gold und allerlei Klimbim behängten Männer eigentlich keine rechte Funktion zu haben scheinen. Außer dass sie wahnsinnig ernst gucken und eben schön in der Sonne funkeln, mit ihren goldenen und silbernen Abzeichen. „Das sind die Minister", wird mir übersetzt, „Ach, die Minister sind das!", entgegne ich, mit einem an der Ernsthaftigkeit der Veranstaltung zweifelnden Unterton und bekomme die Antwort, die eher schnippisch als rein informativ klingt: „Ja, die Minister sind das, die werden vom Schützenkönig in den Hofstaat berufen und unterstützen ihn bei seiner Arbeit!" „Klar, was sollen Minister auch sonst tun, als den König bei seiner Arbeit zu unterstützen?" Ich frage nicht nach den einzelnen Ressorts der „Minister", weil ich sonst meine Dolmetscherin verärgern könnte, was dazu führen würde, dass sie mich allein ließe auf dieser Veranstaltung. Vielleicht würde ich dann auf unverzeihliche Weise gegen das königliche Protokoll verstoßen, und der Schützenkönig würde mich dann verurteilen. Einer seiner Minister, vermutlich der Justizminister oder der Minister des Inneren, wahrscheinlich eher nicht der Minister für funkelnden Klimbim, würde dann damit beauftragt, mich zu exekutieren. Da ich das nicht so gut fände, entschließe ich mich, einen Moment den Mund zu halten.

Die nächste Stunde über passiert nicht mehr allzu viel, was man nicht auch schon bei irgendeiner Übertragung oder irgendeiner Königs- oder Prinzessinnenhochzeit irgendeines europäischen Herrschergeschlechts gesehen hätte. Viele Menschen rennen in ihren bunten Uniformen auf dem Rasen herum und zeigen ihren funkelnden Klimbim, während die Frauen immer wieder eine Runde drehen und ihr mehr oder weniger (meistens eher weniger) vorhandenes „Perlweiss"-Lächeln zur Schau stellen.

Da die Veranstaltung also langweilig zu werden beginnt, denn die erste Verwunderung über die Geschehnisse hat sich gelegt und ist einer gewissen Gleichgültigkeit gewichen, kommt mir der Satz: „Die unterstützen den König bei seiner Arbeit" wieder in den Kopf. „Arbeit" hallt es in meinem Schädel wieder. Das ist ein Schützenkönig, denke ich, was soll der schon zu arbeiten haben? Ich frage also nach und meine Begleiterin antwortet mir: „Frag' doch nicht so doof! Der muss viele repräsentative Aufgaben übernehmen! Über das Jahr verteilt besucht er die anderen Schützenfeste und repräsentiert den Schützenverein." So langsam wird mir bewusst, dass meine Begleiterin so ganz objektiv nicht zu sein scheint. Denn in ihrer Stimme liegt eine Ernsthaftigkeit, die ich nicht aufbringen könnte, wenn ich über einen Mann und seine Kumpels spräche, die sich wahlweise grüne oder blaue Jäckchen anziehen, Mützen aufsetzen, die Jugendliche als Zeichen pubertärer Rebellion vielleicht 1855 getragen haben mögen, und sich über und über mit glänzendem Gebimmel behängen, während sie über eine Rasenfläche marschieren.

Naja. Ich beschließe, dass ich von der Parade genug gesehen habe, um zu begreifen, dass man von so einer Parade immer genug gesehen hat. Das weitere Übel nimmt seinen Lauf an einem der zahlreichen Getränkestände. Zahlreich ist in diesem Zusammenhang wohl auch das falsche Wort, denn zählen könnte ich die Biertankstellen nicht. Biertankstellen ist hier allerdings die durchaus korrekte Vokabel, denn sowohl Kunde als auch Dienstleister haben sich auf Betankung, oder besser Druckbefüllung, der vom vielen Marschieren und blinkende Dinge Tragen durstig gewordenen Kehlen und Bäuche spezialisiert. Als ich ein alkohlfreies Bier bestelle, muss der Wirt augenscheinlich lange auf seiner Festplatte nach dem Wort alkoholfrei suchen, bis er es in einen Zusammenhang mit dem Wort Bier setzen kann. Verwunderung von rechts wie links erntend, wende ich mich wieder meinen Beobachtungen zu.

Der Truppenaufmarsch ist vorüber, und nun mischt sich des Königs Armee unter das gemeine Volk und versorgt sich mit allerlei Leckereien. Meine Begleiterin gesellt sich wieder zu mir und wird von einer ihrer Bekannten gefragt, ob sie auch einen „Ömmes" wolle. Sie verneint. Ich frage: „Einen was?" Sie: „Einen Ömmes, das ist so ein Stück Fleisch vom Grill. Da, der Mann da isst gerade einen." Mit diesem Satz zeigt sie auf einen Mann, der schon aufgrund der mangelnden Uniformierung zunächst sympathisch wirkt, sich dann allerdings durch das Stück „Ömmes" vor sich disqualifiziert: ein etwa handflächengroßer Brocken, der wohl mal in irgendetwas Vierbeinigem befestigt war. Auf die Nachfrage warum dieses Gebilde nun gerade „Ömmes" hieße, weiß meine Begleiterin auch keine Antwort, nur, dass der Mensch, der es verkauft, auch so genannt wird. Ich erblicke ihn in seiner Grillbude in einigen Metern Entfernung und stelle mir die Frage nach dem Huhn und dem Ei: Heißt der Mensch „Ömmes", weil er Brocken verkauft, die wie

Ömmes aussehen? Oder heißen die Brocken Ömmes, weil sie von einem Menschen verkauft werden, der diesen Namen aus verständlichen Gründen trägt?

Egal, denke ich mir und wende mich wieder dem eigentlichen Geschehen zu. Dies, so soll sich aber herausstellen, nimmt nun endgültig eine Wendung hin zum Abgründigen. Mit jeder Minute, oder besser: mit jedem Hektoliter Gerstensaft, der von den Tankstellen in die Bäuche und leider auch in die Köpfe der Leute gepumpt wird. Beginnend damit, dass ca. 400 Personen ihre Hände, passend zur Zeile des gleichnamigen Liedes, in den Himmel recken und lauthals Mitlallen. Wenig später wird dann das Gurren der Tauben aus dem Klassiker „Drei weiße Tauben" nachgeahmt, wobei der Alkohol die phonetischen Fähigkeiten so manch menschlicher Taube schon derart degradiert hat, dass dabei eher ein Röcheln als ein gepflegtes Gurren zu vernehmen ist.

Den Beschluss, zu gehen und mir meinen letzten Glauben an den zivilisatorischen Fortschritt zu bewahren, den uns Millionen von Jahren gebracht haben sollten, treffe ich endgültig, als Folgendes passiert:

Der König betritt die Bühne. Die Haube, Mütze, Kappe, oder wie auch immer der Name der Kopfbedeckung sein mag, sitzt nur mehr schief und krumm auf seinem aristokratischen Haupt, und der Schweiß hat nicht nur seine Stirn gezeichnet, sondern auch deutliche Spuren unter seinen Armen hinterlassen. Begleitet wird er von Ömmes, der seine Schürze mittlerweile abgelegt und sich stattdessen mit einem musikalischen Accessoire ausgerüstet hat: einer aufblasbaren Gitarre. Die beiden sollen nun also den Mainact, das Highlight, die Klimax dieser Festivität bilden. Und das gelingt ihnen auf gewisse Weise auch, denn ihre Interpretation des Bryan Adams-Hits: *Summer of '69* ist nicht einmal mehr als Realsatire zu bezeichnen. Vielmehr hätte ich mir lieber ein Konzert der Gruppe „Squirrel-Eating Warlords" angeschaut, als dies ertragen zu müssen: Der König der Schützen übernimmt irgendwann die „Luftgitarre" seines kongenialen Duopartners und „hottet", wie er wohl sagen würde, so richtig zu dieser „geilen Scheibe" ab, während Ömmes sich, unter dem johlenden Beifall des Publikums, seiner Kleider entledigt.

Mehr kann ich leider von dieser Veranstaltung nicht berichten, denn meine Schmerzgrenze ist an diesem Punkt weit überschritten. Ich gehe nach Hause und gucke noch ein paar Stunden NeunLive. Endlich normale Leute!

Einmal war mein Lieblingstier Pferd

Darren Grundorf

Ich hatte schon auf verschiedenste Weise versucht, mich Jutta Stallmann zu nähern oder ihr zu imponieren. Jedoch zeigte sie sich von meinem komplett beklebten Panini-Sammelalbum der Fussball-Weltmeisterschaft 1990 (nur der italienische Ersatztorhüter fehlte) ebenso wenig beeindruckt, wie von meinem Versuch, mir durch einen riskanten Aufschwung-Unterschwung mit Rolle vorwärts-Absprung-Stand rechts am Stufenbarren bei den Bundesjugendspielen doch noch die begehrte Ehrenurkunde mit der Unterschrift von Bundespräsident Richard von Weizsäcker zu sichern. Vielleicht lag es am italienischen Ersatztorhüter, vielleicht am missglückten Unterschwung und der anschließenden Rolle seitwärts-Fall vom Stufenbarren-Armbruch links, dass Jutta Stallmann mich weiterhin ignorierte. Zu meiner Zufriedenheit hatten aber die anderen Jungen ebenso wenig Glück bei Jutta Stallmann wie ich selbst, und deren Imponiergehabe beim Verprügeln der Parallelklasse konnte sie ebenso wenig begeistern wie meine Versuche am Stufenbarren. Jutta war anders.

Es kam aber der Tag, an dem Jutta Stallmann im Sachunterricht bei Frau Wöller-Schrabenbrecht ein Referat über Pferde hielt. Natürlich klebten alle Jungen unserer Klasse an ihren Lippen, als sie über das Füttern und das Reiten sprach und von ihrem Pferd „Lotus" erzählte. Sie hatte ein Foto mitgebracht, das sie und Lotus zeigte. Lotus: ein Pferd, ein braunes, mit schönen, großen, schwarzen Augen. Eine dunkle, majestätische Mähne legte sich über den fürstlich herausgeputzten

Pferdekopf, und der kräftige braune Unterbau trug Jutta, Jutta Stallmann, die in ihrem Dressurkostüm graziös die Zügel hielt, während der Wind durch ihre goldenen Locken fuhr und ihr den Nacken kitzelte, was sie zu einem leisen Lächeln bewegte, dieweil Lotus gedankenverloren, vielleicht verliebt, über die weite Wiese blickte, weil er wusste, welche Pracht, welche Schönheit, da die Beine über seinen Rücken legte.

Ich wollte auch ein Pferd. Ein Pferd, einen Hengst, mit einem ebenso schönen Namen, vielleicht „Nabucco" oder „Abaluga", mit einem kräftigen Körper, ein schnelles Pferd, eines, das springen kann. In meinen Tagträumen malte ich mir aus, wie Jutta Stallmann und ich zusammen daherritten, zunächst nur über die Felder unseres Dorfes. Wie ich sie später mit Nabucco aus einem Hinterhalt rette, wie ich auf Abaluga daherreite, um Lotus aus den Händen einer fiesen Pferdewurstmafia zu befreien, ich träumte, wie sie und ich eine Postkutsche überfallen und einem Haufen Banditen davonreiten und ich träumte, wie ich sie wie ein Siegfried aus den Klauen eines Drachen befreie, sie in meinen Armen auf Nabatoccu oder Abaschucco vor den Sachsen noch gerade in Sicherheit bringen kann, ehe mich ihr König in Gefangenschaft nimmt, und ich Harfe schlagend im Schlangenturm den Heldentod sterbe, während Jutta Stallmann am Hofe bittere Tränen vergießt. Allerdings kauften mir meine Eltern nie ein Pferd, und so ingorierte mich Jutta Stallmann auch weiterhin.

Heute sieht Jutta Stallmann selber aus wie ein Pferd, und das einzige, was auf dem letzten Klassentreffen noch an ihren Lippen klebte, war eine Herpesentzündung im rechten Mundwinkel. Pah! Jutta Stallmann...

Ohren auf, Klappe zu!

Esther Ademmer

Gestern habe ich im Park zwei Frauen gesehen. Sie haben sich geküsst. Ich habe diese Frauen gesehen, es hätten auch Männer sein können oder Kinder oder ein Mann und eine Frau oder fünf, egal, ich habe gesehen, wie sie sich küssten und dachte: „doof."

Da war er wieder: mein philosophischer Moment. Ich hab' das manchmal. Da gehe ich so durch den Park, denke an nichts, und sehe diese beiden Frauen. Wie sie da auf dem Rasen hocken, die Lippen gespitzt, als hätten sie Blütenblätter am Mund kleben, lang und dünn und rot. Und immer wieder sehen sie sich völlig deppert an, viel zu lange. Ich hätte gerne, dass sie immer dann zu Knutschen anfangen, wenn ich klatsche. Klatschen, Blüten raus, Münder ran, wieder Klatschen, Blüten raus, Münder weg. Dann hätte ich gerne, dass alle um mich herum knutschen, wenn ich in die Hände klatsche. Das wäre prima, dann würden alle mal auf einmal sehen, was diese Leckerei eigentlich ist. Die totale Konditionierung. Der Pawlow'sche Mund, sozusagen.

Ich sehe dazu keinen Anlass. Knutschen ist eklig, feucht und glitschig. Und es gibt zu viele schlechte Küsser. Die hungrigen, aggressiven Eroberungsküsser, die oral an deinem Mittagsmahl teilhaben wollen. Solche, bei denen man sich fragt, ob ihr Mundraum hohl und unbewohnt ist, weil die zu Verfügung stehenden Instrumente nicht genutzt werden. Oder solche, bei denen einem während des Küssens einfällt, dass die Wäsche noch im Trockner ist. Klar gibt es die perfekten, die großartigen, die umwerfenden Küsser. Aber die haben meistens einen

Haken. Oder einen Fetisch. Das überlegt man sich dann.

Warum empfinden wir diese Form der Zuneigungsbekundung als angenehm? Erste Risse in dieser Wahrnehmung tauchen schnell auf, sobald man auf etwas extrovertiert knutschende Pärchen trifft. Mit extrovertiert meine ich: außerhalb der Mundhöhle. Diese genaue Nachvollziehbarkeit der Zungenbewegungen der einzelnen Partner, ohne selbst aktiv beteiligt zu sein, ist unästhetisch. Die weißen Fäden zwischen den Mündern, die belegten Zungen, die aufeinander eindreschen: Es gibt einfach Grenzen für visuelle Erträglichkeit. Spätestens hier wird klar: Irgendwie müsste das Ganze doch auch hygienischer gestaltet werden können.

Warum nicht mit den Ohren? Knutschen mit den Ohren wäre die Lösung. Klar, ich weiß: die vielen Nerven auf der Zunge und so, aber in Zeiten des medizinischen Fortschritts könnten wir diese Nerven sicherlich transplantieren. Die Möglichkeit des Küssens mit den Ohren wurde evolutionsgeschichtlich vernachlässigt, sonst hätten wir diese schlabbernden Unerträglichkeiten an öffentlichen Plätzen heute nicht. Von wegen Intelligent Design. Das war der totale Fehltritt. Ohrenknutschen wäre nicht nur feiner und sinnlicher. Es wäre auch ehrlicher. Wenn mir jemand mit seiner Zunge in mein Ohr rotzen würde, weil er meinte, dass ich das anregend fände, würde ich die einzig menschlich vertretbare Reaktion zeigen: Ich würde mich ekeln. Diese Reaktion tritt manchmal nach mündlichem Küssen auf. Meistens am Morgen danach.

Die Ohren – au contraire – sind quasi die Jungfrauen in der Gesichtspartie: rein und unschürzbar. Keine alberne

Gesichtskirmes kann aus Ohren rote zusammengeschrumpelte Hautlappen machen. Sollte mich der heilige Geist oder ein anderer der drei denkenden Designer mal fragen, wie man die schleimige Rumleckerei eindämmen könnte, ich wüsste eine Antwort. Wir müssten nur die Nerven aus den Lippen in die Ohren packen. Knutschen ginge dann ohrweise nebeneinander, keusch, emotional und ästhetisch.

Gut ist auch: Ohren wachsen ein Leben lang. Wenn im Alter das Gebiss den Mund verlässt, und die Lippen im Gaumen verschwinden, erstrahlen die Ohren in einer bislang ungekannten Größe. Die Lust des Küssens würde so im Alter nicht vergehen, ganz im Gegenteil, sie würde potenziert. Damit hätten wir nicht nur einen Haufen alter, frustrierter Menschen wieder in die Blüte ihres Lebens bugsiert, wir könnten mit ohrigem Küssen sicher auch unseren Sozialstaat retten. Überlegen wir doch einmal: Ein Rentner gewöhnt seine Ohren ein Leben lang an sensuale Anstrengungen. Er nutzt sie nicht nur passiv zum Hören, sondern auch aktiv zu Liebesbekundungen. Wie viel besser wären seine Lauscher gegen den Verschleiß des Alters gewappnet? Und wie viel weniger hätte ein durchtrainiertes, akustisches Organ mechanische Unterstützung nötig? Wer keine Unterstützung braucht, verursacht ergo weniger Kosten. Wer im Alter von großen Ohren, anstatt von schrumpeligen Lippen noch ausreichend liebkost werden kann, hat außerdem mehr Lebensenergie, mehr Antrieb, mehr Vitalität. Das ist die Grundlage für die Verhinderung psychosomatischer Erkrankungen. Diese Art von Erkrankungen machen, so Statistiken, 50% aller Krankheitsfälle aus. Was wäre das für ein Einsparpotenzial! Wir könnten die Belastung unserer Gesundheitssysteme durch Ohrenknutscher auf die Hälfte reduzieren!

Und noch was: Der Verrohung der Jungend könnten wir mit der Ver-Ohrung der Alten den Garaus machen. Denn wenn im Leben vor allem die Größe zählt, die Ohrgröße zur Messung von sexueller Befriedigungsleistung, dann müssten die 13-jährigen, die sich mit Fummeln auf dem Schulklo und in der Turnhalle brüsten, vor Neid erblassen. Sie würden ihren großlauschigen Vorbildern Plätze im Bus zur Verfügung stellen, Türen aufhalten und bereitwillig in die Rentenkasse einzahlen. Und dass alles nur aus Erfurcht vor der Größe ihrer Ohren. Ich denke, wir retten die Welt!

Was macht eigentlich die Dampflok?

Olker Maria Varnke

Wer erinnert sich nicht? Als wäre es gestern gewesen, haben wir die Dampflokomotive vor Augen, die bei unserem ersten Lichtspielhausbesuch unaufhaltsam auf uns zu rast. Es gibt kein Entrinnen – der Aufprall steht unausweichlich bevor. Wie unsere Nachbarn beginnen auch wir, um unser Leben zu schreien, versuchen, vor dem stählernen Ungeheuer aus dem Saal zu fliehen, sodass manch einem gar der Zylinder vom Kopf fällt. Doch rasch zeigt sich, dass wir nur der Kameraperspektive zum Opfer gefallen sind: Die Dampflok konnte uns gar nicht niederwalzen, war sie doch sicher auf Filmstreifen gebannt. Der Fortschritt der Technik also hatte uns zu Beginn des vergangenen Jahrhunderts einen Streich gespielt, so wie er Jahrzehnte später auch der unverwundbar scheinenden Protagonistin des kleinen Filmchens, das uns so in Aufregung versetzt hatte, einen Streich spielen sollte - der Dampflokomotive.

Oh stählernes Ross, was ist aus Deiner Anmut und brachialen Schönheit geworden? Wohin sind Deine unsagbaren Kräfte und majestätischen Kolben verschwunden? Wie werden wir wieder Deines prall gefüllten Kohlentenders und Deines feurigen Innenlebens gewahr? Nichts von Deinem Pathos, Deiner Poesie haben Deine Nachfolger – die doofe Diesel- oder die langweilige Elektrolokomotive. Nur Du allein vermochtest uns in den Bann der Bahn zu ziehen, lehrtest uns die Mobilität lieben, machtest den Weg zum Ziel.

Was aber, Dampflokomotive, ist Dein Schicksal? Heute finden wir Dich still und bewegungslos in Museen, wo manchmal ein letztes Exemplar einer Deiner Baureihen unwiederbringlich verbrennt, oder Du von einem zum anderen Gebäude durch die Münchner Innenstadt transportiert wirst. Doch welch Hohn: auf einem LKW!

Wir haben Dich der Schnelligkeit und dem Naturschutz geopfert. Ich glaube nicht, dass es das wert war.

Urlaub im Milliardengrab
Stefan Berendes

Das neue Jahr ist noch keinen Tag alt, da verlangt mich schon nach „Wellness": Dem zuvor nächtens an der Berliner Siegessäule in Grund und Boden gerockten Leib soll zum Ausgleich etwas Gutes getan werden, vorzugsweise mit warmem Wasser oder so.

Das warme Wasser meiner Wahl findet sich rund 70 Kilometer östlich von Berlin, also mitten in einem Teil der Mark Brandenburg, der noch nicht mal mit viel gutem Willen als beschaulich tituliert werden kann. Das karge Land gleicht einer Mondlandschaft, zumal nachts; hier sagen sich nicht einmal mehr Hase und Igel gute Nacht, aber hier ist es, hier steht es: Deutschlands erstes und bislang einziges Tropical Islands Resort.

Schauplatz dieses verheißungsvollen Konzeptes ist eine mehr als hundert Meter hohe Halle, in der weiland Zeppeline zum Warentransport gebaut werden sollten. Tatsächlich wurde die Halle aber nur benutzt, um alle halbe Jahr der Aktionärsversammlung der Cargolifter Holding noch größere Unsummen aus dem Kreuz zu leiern. Und doch: Wer bei der Lektüre der Financial Times nur den Kopf darüber geschüttelt haben mag, dass man Berge von Geld kassieren kann, indem man einfach um eine unglaublich dumme Idee herum eine möglichst große Halle baut, der kann keinen wirklichen Begriff vom architektonischen Wahnwitz dieses Gebäudes haben.

Verschiedene europäische Denkmäler passten gleich

mehrmals hinein, so wie wohl auch die meisten Städte der näheren Umgebung. Das Gebäude wirkt mit seiner irrwitzigen Hi-Tech-Architektur wie eine Dr. No-Basis aus einem alten James Bond-Film.

Die Reminiszenz zum Geheimagenten ihrer Majestät der Königin geht im Inneren des Molochs direkt weiter, denn hier wartet zwar kein größenwahnsinniger Irrer nebst Vernichtungswaffenarsenal, wohl aber gibt es jenen Miniaturregenwald, der aus ähnlichen Bösewicht-Geschäftsstellen allenthalben bekannt ist; ein asiatischer Investor hat hier ein tageszeitunabhängiges Südseeparadies geschaffen, komplett mit Tropendorf, Lagune und Mangrovensumpf, in dem – man kann es sich bildlich vorstellen – dereinst auch die Investorenmilliarden versackt sein mögen. Grundüberlegung des Ganzen: Die Deutschen haben es gerne warm, verlassen aber weniger gerne Deutschland und fallen besonders ungern in Südostasien Wetterphänomenen zum Opfer. Also kann man hier zu jeder Jahreszeit das Meer besuchen, bevor das Meer einen besucht.

Anderswo im deutschen Osten hätte man dem neuen Besitzer hochherrschaftliche Schlösser mit Dutzenden von Zimmerfluchten für ein paar Euro nachgelassen, hier jedoch musste er mit rund 70 Millionen Euro aus der Tasche kommen. Das ist ein ganz schöner Batzen, und wieviele Menschen im Laufe eines Jahres ihre Füße in die Südseelagune halten müssen, damit am Ende eine schwarze Zahl auf der gepunkteten Linie steht, hat schon der *Stern* ausgerechnet. Die Zahl ist von ähnlich grotesker Größe wie der Bau, insofern passt's dann wieder zusammen.

Einstweilen muss sich aber noch einiges tun, denn die Südsee ist im Grunde ganz schön langweilig, wenn sie nicht in der Südsee stattfindet. Auf der Suche nach etwas Action treibe ich stundenlang im Strömungskanal in der Runde. Ganz angenehm ist das schon, aber in Zeiten des globalen Dorfes ist die Südsee ja zeitlich etwa genausoweit entfernt wie die Mark Brandenburg, das darf man auch nicht vergessen.

Bei allem Tropenflair dann auch: Die Pommes mit Bratwurst kosten sieben Euro, der echte Sand aus der Lagune pappt ständig an den Füßen, in der Umkleidekabine zieht es wie Hechtsuppe, und die Südseekleidchen der Empfangsdamen scheinen optisch eher Ostwestfalen als Südostasien entlehnt. Das alles macht das Indoor-Tropenparadies trotz asiatischem Investor fast schmerzhaft deutsch.

Mal sehen, ob es sich rechnet.

Brief an die Mutter
Kalle Kalbhenn

Liebe Mama,

Ich bin jetzt schon einen Monat im Urlaub auf Stockholm. Bisher war mir noch nie langweilig, und vom Wetter war auch schon alles dabei. Zum Beispiel sowohl Sonne als auch Regen. Gerade ist es gemischt - aber so ist das hier wohl: Immer ist was anderes los. Mach dir um mich keine Sorgen, es geht mir gut. Ich habe genug zu Essen (z.B. Riesenburger oder Köttbullar in der 1kg Vorteilspackung) und die Leute sind freundlich zu mir. Besonders Antoine, das ist mein Nachbar, aber in Wirklichkeit kommt er aus Frankreich. Das einzige, was er auf Deutsch sagen kann ist: „Ich mag gerne Bier trinken". Verrückt, oder? Ausländer gibt es sowieso sehr viele, da wo ich wohne. Es sieht aus wie in einem UN-Flüchtlingslager, und die Flüchtlinge kommen von überall her. Sie fliehen vor ihrer Heimatuniversität und wollen hier Ferien machen.

Aber auch Schweden lebt in einer Diktatur. Der Schreckensherrscher heißt König Karl. Er hat z.B. dafür gesorgt, dass das Bier nach Wasser schmeckt und sehr teuer ist. Es hat im freien Verkauf nur 3,5%. Krass, oder? Der Ire hat gesagt, er wird seinen 10er-Träger Bier zurückbringen: „The beer is broken. It tastes like water and doesn't work." Man darf gespannt sein, welchen Verlauf diese Geschichte nimmt. Ich bin jedenfalls für den Iren. Der ist hier so eine Art Sympathieträger und der Hauptdarsteller meines neuen Films „Was macht eigentlich Ben aus Dublin in Stockholm?" Er spricht das geilste Englisch, das man sich vorstellen kann und ist hyperaktiv (noch mehr als Jan Paulin!). Er muss immer etwas machen. Susanne (die ist aus Berlin) hat ihn gefragt, ob er deswegen schon mal beim Arzt war, und er meinte, seine Eltern wollten das eigentlich gemacht haben, aber dann haben sie es doch irgendwie nicht gemacht. Susanne meinte, dass es wahrscheinlich besser gewesen wäre, deswegen zum Arzt zu gehen. Da meinte der Ire, dass das wahrscheinlich stimmt. Naja.

Gestern ist mir auch wieder eine krasse Geschichte passiert: Ich bin dem Tod ein weiteres Mal nur knapp von der Schippe gesprungen. Der Diktator hat gestern geheiratet. Ich glaube, es ist seine dritte Ehe. Ich war bei den Feierlichkeiten, denn ich habe auf ein Buffett spekuliert. Tatsächlich habe ich dort acht Brötchenhälften mit verschiedenen Belägen (Salami, Mortadella, Leberwurst) essen können. Danach war mir schlecht. Als ich aber gesehen habe, wen der Diktator geehelicht hat, konnte ich mich nicht mehr beherrschen. Es war die selbe Frau, die mir am Vorabend in einem Club Kokain zu überhöhten Preisen andrehen wollte. Diese verwahrloste Frau aus der Stockholmer Drogenszene sollte die neue Königin werden! Ich sah mich in der Pflicht, den Diktator und das schwedische Volk vor ihr zu retten. Ich habe geschrien, dass die Alte voll auf Meskalin ist und er die Schlampe auf den Mond schießen soll. Der Diktator konnte die Wahrheit aber genauso wenig ertragen, wie seine verlogenen Landsleute. Die Gewehre seiner Schergen waren schon entsichert, durchgeladen und auf mich gerichtet, als ein freundlicher Mann (der zufälligerweise genauso heißt wie ich) die Situation in letzter Sekunde in Wohlgefallen auflösen konnte. Wie genau er das geschafft hat, habe ich vergessen, aber im Gegenzug musste ich ihm bei einem

Umzug helfen. Das habe ich auch gemacht. Dafür habe
ich dann ein Fahrrad bekommen. Geil!

Gestern habe ich mit Jan Paulin telefoniert, und er wollte
wissen, was ich hier eigentlich genau für einen Auftrag
habe. So richtig weiß ich das auch nicht. Aber ich habe
hier gerade Rückkopplung. Und Hunger. Es gibt gleich
kleine Schnitzel mit Nudeln und Bratensoße. Ich schreibe Dir dann bald, was ich hier sonst noch so erlebe.

Dein Sohn

Öfter mal 'ne Kopfnuss

Judith Kantner

Alles begann damit, dass ich von einer Haselnuss erschlagen wurde. Wie sich unschwer feststellen lässt, lebe ich noch, aber werfen wir doch einen Blick auf das Davor. Ich war verkatert, frustriert und musste mein vorabendlich zu Haufe konsumiertes Weizenbier wieder ausschwitzen. Das tat ich, indem ich meine Joggingschuhe an einem idyllischen Sonntagnachmittag zum standardisierten 15-Kilometer-Lauf schnürte und mich aus der Haustür in rasantem Tempo gen Grünfläche am Stadtrand bewegte. Dort sollte ich nie ankommen. Ich war unfassbar wütend. Der Anblick verliebter Pärchen, zufriedener Kleinfamilien und dilettantischer Nachwuchsintellektueller mit Hornbrille sowie die letzten Reste des Weizenbieres erzeugten in mir ein saures Aufstoßen, das zu einem unangenehmen Sodbrennen anschwoll. Durch unangebrachtes Vormichhinschimpfen erntete ich fragende Blicke. Das ließ ich dann bleiben, sinnierte stattdessen etwas über meine verflossene Liebschaft und beschloss, vom heutigen Tag an diesen Menschen zu hassen. Objektiv betrachtet ist so ein Beschluss nicht nett, aber ich hatte die ganze Palette an Ist-mir-doch-scheißegal-Strategien verbraucht und musste mir eingestehen, dass ich mich an der Endstation meines Gefühlsbahnhofs befand. Dann traf mich die Nuss, und von da an sollte mein Leben in unvorhergesehene Bahnen gelenkt werden.

Meine Erinnerungen setzen wieder ein, als ich im städtischen Klinikum aus einem komatösen Schlaf erwachte und lauter wildfremde Menschen um mich herum erblickte, die sich sichtlich darüber freuten, dass ich mein Bewusstsein wiedererlangt hatte. Ich hingegen hatte Kopfschmerzen.

Wir schreiben den 16.9.2007. Das Ganze liegt meinen Berechnungen zur Folge nun exakt vier Jahre und drei Minuten zurück. Werfen wir einen kurzen Blick auf eben diese Zeitspanne. Nach der Kopfnuss hatte ich Vieles aus meinem bis dato verlebten Leben vergessen. Positiv zu erwähnen wäre, dass ich vergessen hatte, starke Raucherin und unglücklich verliebt gewesen zu sein. Ich lernte meine Freunde neu kennen, um zu beschließen, dass ich sie - wie auch meinen Exfreund - doof fand und entwickelte stattdessen einen Hang zu Osterhasen. Wie geil sind denn auch bitteschön Hasen, die einmal im Jahr gefärbte Ostereier vorbeibringen??? Ich eröffnete einen kleinen, aber gut florierenden Kitsch-Laden und war ganz schön glücklich mit mir, den Osterhasen und der Welt. Vor einem Jahr lernte ich jedoch, was es heißt, nicht nur in Hasen, sondern in ein menschliches Wesen verliebt zu sein, und wie es sich anfühlt, wenn eine Beziehung vorbei ist.

Heute werde ich mein Trauma überwinden und die bis heute nie mehr angerührten Joggingschuhe schnüren, um mich wieder auf gen Grünfläche zu machen. Ich befinde mich in einem ähnlich ausweglosen und desolaten Zustand wie vor vier Jahren. Noch einmal streichle ich meinen Lieblingshasen und sage ihm Lebewohl. Es ist die Zeit, in der die Haselnüsse wieder fallen und man Gefahr läuft, sein Leben in unvorhersehbare Bahnen lenken zu lassen...

Er, Sie, Eskimo

Jan Paulin

Alle sagen dauernd etwas. Die Sexualtherapeutin Barbara Keesling sagt: „Kurz vor der Ejakulation müssen sie ihren trainierten PC-Muskel anspannen, die Augen weit öffnen und tief einatmen."

Auf dem Kinderspielplatz gegenüber sagt ein Zehnjähriger zum Anderen: „Du Arschgefickter." Daraufhin entgegnet der Andere: „Du Unterhose mit roten Herzen drauf." Junge Nummer Eins muss deshalb fast heulen. Ich könnte jetzt noch eins draufsetzen und zu ihm hinüberschreien: „Du alter Pubcoccygeus-Muskel, würdest du nur nicht dauernd krampfen! Millionen Männer könnten einen Orgasmus haben, ohne zu ejakulieren." Aber das wäre unfair, ich bin ja viel älter.

Stattdessen sage ich etwas zu meiner Begleitung: „Das Königreich von OZ hat seinen Namen, laut seinem Erfinder L. Frank Baum, von einem Karteikasten mit der Beschriftung `O-Z´." „Ach, echt?", fragt sie. „Ja. Echt", antworte ich.
Ich bin in sie verliebt. Sie hat schöne Haare. Sie würde niemals einen Pauschalurlaub buchen. Und wenn doch, dann würde sie an Tag drei sagen: „Heute leihe ich mir ein Mofa, zünde mir eine Zigarette an und beobachte, wie schnell die wegbrennt bei 60 km/h." Jetzt denkt sie nach. „Steht das da drin?" Sie deutet auf das Heftchen, das ich vorhin im Café mitgenommen habe. „Ja", antworte ich. „Gleich neben dem Artikel über multiple Orgasmen." Ich komme mir vor, wie organisierter Teppichverkauf. Pauschalurlaub eben. Sie heißt Edda.

Vor ein paar Tagen sind wir zusammen die Stufen vor der Uni hinuntergelaufen. Aus einer der steinernen Stufen rankte schon der erste Löwenzahn. Sie sagte nur: „Löwenzahn.“ Da hat es mich weggehauen. Da habe ich mich so in sie verknallt wie noch nie in einen Menschen zuvor. Jetzt sitze ich mit ihr auf einer Parkbank und weiß nicht, was ich sagen soll. Wir schweigen, umwogen von Naherholern. Von außen betrachtet sind wir ein Paar. Drinnen sind wir gemeinsam uneins. Ich frage: „Willst du ein Eis?“ Sie blinzelt und schiebt ihren Mund zusammen. „Mmmjoa.“

Am Kiosk neben dem Teich gab es nur Capri und Nogger. Ich fragte ihn: „Hast du nicht auch mehr Bock auf Waffel?“ Da hat er mich angeschaut, als ob er sich entschuldigen wolle, dass es dort keine gibt. Ich sagte: „Hey, kein Problem, wir können ja auch zu Bertolini. Da kann man draußen sitzen.“ Eigentlich ist er ja ganz süß. Nicht so ein Kerl der gleich Feuer machen und eine Wiege für unser Baby schreinern will. Die Letzten waren alle so. Trotzdem könnte er den Auspuff meines Wagens reparieren, wenn er kaputtginge. Nette Kombination.

Aber soll ich ihm jetzt am Reck vorturnen, dass ich ihn gut finde? Sonst ist er doch auch nicht so schüchtern. Hört man zumindest. Wir schlendern in Richtung Ausgang. Ich spüre, wie es in ihm arbeitet. Wenn er nicht gleich Luft holt, muss er platzen. Ein Familienvater kommt uns mit seiner Tochter auf den Schultern entgegen. Das Mädchen fragt: „Du Papi, spielen wir nochmal Rennpferd?“ Er schiebt die Augen nach oben zu seinem Kind und sagt: „Papa will heute nicht mehr galoppieren. Wir sind sowieso gleich am Spielplatz.“ Ich muss schmunzeln. Irgendwie sind wir hier total fehl am Platz, inmitten all dieser bereits verankerten Existenzen. Ich komme mir vor wie jemand sehr weit Hergekommenes, ein Eskimo etwa, der mit Fischottermütze und Bärenfell auf einmal in der Fußgängerzone am Bratwurststand steht.

Als ich zu ihm hinüberschiele, sagt er: „Mann, ich glaube, fürs erste Date wären wir besser woanders hingegangen. Auf ein Musikfestival oder so." „Musikfestival?" Er grinst. „Ja klar, lauter Leute in unserem Alter, die zelten, Bier trinken, rumknutschen und dazu ihre Lieblingsbands live hören." Ich nehme seinen Arm. „Und keine Ausflügler, die Goldfische füttern? Hmm, ich weiß nicht so." Er schaut mich betroffen an, und ich schaue gespielt ernst zurück. Dann hat er es kapiert, und wir lachen beide. Der Bann ist gebrochen.

Ich glaube, das wird ein guter Sommer. Ich glaube, ich nehme bei Bertolini einen Eskimo-Becher.

Le Malpensant geht ins Bürgeramt

Sven Kosack

Du bist Deutschland! Du bist 80 Millionen! Du bist der Sturm, zusammen können wir alles erreichen! Deutschland ist schön! Es gibt sogar Erdinger Plörre hier! Und auch ansonsten ist es total megacool, Deutscher zu sein und ein Teil dieser großartigen Nation! Ich sehe das anders, denn ich bin der Malpensant und ich hasse das Leben!

Deutscher zu sein heißt für mich vor allem, von der deutschen Bürokratie verwaltet zu werden. Ach, was heißt Bürokratie? An und für sich sind das auch Menschen, die wie die Oma oder die Freundin ab und zu mal von einem besucht oder angerufen werden wollen. Leider sind diese Menschen, die da in der Stadtverwaltung arbeiten, so farblos, dröge und verbeamtet, dass nun wirklich kein normaler Mensch mit ihnen zu tun haben möchte. Wie also dem Dilemma entgehen? Richtig, man zwingt die Leute einfach, einen zu besuchen! Und so flatterte mir schon fünf Tage nach meinem Zuzug nach Osnabrück ein Brief vor die Türschwelle, der mich aufforderte, Mitglied im großen Club der GEZ-Zahler-Idioten zu werden, damit ich so tolle Sendungen wie das Frühlingsfest der Volksmusik, die Klinik unter Palmen mit Wussow (kennt die ARD denn keinen anderen Arztdarseller?) oder die 187. Folge von Wetten, dass…? mit Thomas Gottschalks witzfreien Anekdoten finanziere. Zum Glück kümmerte sich der Hamster meiner kleinen Schwester rührend um den Brief und verarbeitete ihn zu Hamsterkackestreu. Doch hatte auch das Bürgeramt Sehnsucht nach mir und schrieb mir einen Brief, in dem sie mich aufforderten, meinen Wohnsitz an der Hasemetropole anzumelden und bei Gelegenheit auch gleich meinen abgelaufenen Perso zu erneuern. Seufzend packe ich also in Erwartung einer etwas längeren Wartezeit Tolstois Krieg und Frieden in die Tasche und mache mich auf den Weg.

Was nun die Manager des Remarque-Hotels bewogen haben mag, ihr Edelhotel direkt neben dem tristesten Gebäude Osnabrücks aufzubauen, wird wohl ewig im Dunkel der Geschichte verborgen bleiben. Ebenso wie die Frage, ob die Stadtverwaltung beim Umzug in das ehemalige Hospital auch direkt einige Patienten aus der Geschlossenen zur Auffüllung ihrer Schreibtische zweckentfremdet hat. Sicher ist nur eines: Die Atmosphäre des Bürgeramtes ist deprimierend. Wenn es den größtmöglichen Gegensatz zum Karneval in Rio de Janeiro geben sollte, hier wird man Anschauungsmaterial finden: Frühpensionäre sitzen BILD-Zeitung lesend in der Eingangshalle, ein paar zerfledderte Osnabrücker Nachrichten liegen auf Wartebänken. Eine Frau sitzt in einem Glaskasten, der den Observationsplattformen der Wachtürme an der deutsch-deutschen Grenze nachempfunden ist, und wenn man dann zum Bürgeramt selbst geht, trifft einen das Grauen in seiner ganzen Härte. Um die Warteschlangen, die sich aus dem eigentlichen Bürogebäude bereits herausstauen, milde zu stimmen, hat ein Agrarökonom einige lustige Schautafeln mit Kühen aufgehängt. Der Zusammenhang mit Einwohnermeldeamt wird nirgends erklärt. Ein Nebenbüro wurde extra in eine Brötchenschmiede umgewandelt, um allzu viele Abgänge in der Bevölkerungsstatistik durch Verhungern zu verhindern.

Betritt man aber die Hallen des Bürgeramtes, so schlägt einem der pure Horror entgegen. Kaum hat man sich auf einen der Stühle im Wartebereich gesetzt und sich eine Nummer gezogen, so starrt man schon verdutzt auf die Anzeigentafel mit den Wartenummern: Serving number E 75. Der Zettel in meiner Hand heißt J 03. Zum Glück ist das System der Kundennummern hier so undurchsichtig wie das Punktesystem im Tennis, und so komme ich schon nach nur einer Stunde Wartezeit (nach Q 52, µ92 und @01) dran.

Was mich aber beim Warten rasend macht, ist zweierlei: Erstens liegen auf einem Tisch verschiedene Spielzeuge, mit denen die quengelnden Blagen beruhigt werden können. Leider alles völlig unbrauchbar, denn dem Plastikparkhaus fehlen die Autos, dem Puzzle die Hälfte der Steinchen, und die Malbücher sind von einem grobmotorischen Kind mit einem schwarzen Wachsmalstift überkrakelt worden. Die so ihrer Tätigkeit beraubten Rotzlöffel ergehen sich folgerichtig in – eben – Quengeln. Das wäre ja noch erträglich. Komplett unerträglich wird es aber durch den Passbildautomaten, der aus dem Hintergrund nervt. „Hallo, wollen sie ein Bild haben?", fragt eine elektronische Stimme unaufgefordert und mit nerviger Penetranz. Steigt tatsächlich mal jemand in den Kasten, so tönt es: „Schön, dass sie ein Foto machen wollen. Bitte gucken sie in das Fenster und lächeln sie." Es blitzt. „Sind sie zufrieden mit ihrem Bild? Wenn ja, dann drücken sie den grünen Knopf, wenn nein, dann drücken sie den roten Knopf." Da niemand mit einem Foto aus einem Passbildautomaten wirklich jemals zufrieden sein kann, wird natürlich der rote Knopf gedrückt. Die Stimme fängt wieder an: „Schön, dass sie ein Foto…". Wird tatsächlich mal ein Bild ausgewählt, so kommt der komplett überflüssige Satz: „Danke für ihren Besuch. Die Fotos werden außen an der Maschine ausgegeben." Ja, ach nee! Wer hätte gedacht, dass die Fotos aus der Maschine kommen und nicht etwa aus dem Briefkastenschlitz von Frau Bäumler in Meschenich?

Endlich komme ich an die Reihe. Mit enervierender Langsamkeit füllt die Fachkraft den Bogen zur Antragstellung auf die Bearbeitung der Eingabe um die Ausstellung eines neuen Dokumentes zur Bezeugung der Identität aus, um sich ein wenig an meiner Gesellschaft zu erfreuen. Nach drei Minuten Tippen im PC und einer hingekrakelten Unterschrift darf ich für diese „Dienstleistung" 30 Euro berappen und werde von einer Woge der Dankbarkeit dahingespült, Bürger dieses Staates sein zu dürfen. Zumindest für vier Jahre, denn dann läuft der Perso wieder ab. Und bis dahin überlege ich, nach Guinea oder Tongo auszuwandern, wo man bestimmt noch keine Personalausweise und hoffentlich auch keine sprechenden Passbildautomaten kennt. Beim Verlassen des Bürgeramtes fülle ich dann noch drei Karten mit Beschwerden aus und trolle mich dann zum nächsten Schritt in das Ausland und die Emigration: dem Erasmus-Büro der Universität!

Es ist aus

Tobias Nehren

Dienstag, 8:00 Uhr:

Es ist aus. Nie wieder fasse ich sie an. Der Entschluss ist gefasst, bombensicher. Wir beide werden getrennte Wege gehen, und nichts wird mich wieder zurückbringen. Kein Zweifel. Es hat eh schon viel zu lang gedauert. Viel zu oft habe ich mir geschworen, Schluss zu machen. „Sie schadet Dir doch nur", habe ich zu mir gesagt, „nichts, was sie Dir nützt. Gut, ein bisschen Befriedigung hier und da. Und Dir gut stehen, also gut aussehen, tut sie ja auch, vor allem auf Partys und so. Aber wie viele einsame Momente, in denen Du Dich mit den Konsequenzen gequält hast? Nachts nicht schlafen konntest. Dir dann geschworen hast: ‚Morgen mache ich endgültig Schluss?' Und dann? Direkt nach dem Frühstück hatte sie Dich wieder, diese kleine Schlampe."

Und was ich alles angestellt habe, um an sie heranzukommen: andauernd schnorren, das letzte Geld zusammenkratzen. Abends um 12 oder 1 Uhr noch aus dem Haus, nur um mir den kleinen Kick zu besorgen. Ja, ich gebe es zu: Es gab sogar Momente, in denen war ich so weit, die Reste Fremder zu nehmen, weil ich selbst kein Geld mehr hatte.

Aber heute, heute ist das alles vorbei. Nie wieder werde ich die Hure Nikotin an mich heranlassen. Lachen werde ich über all diejenigen, die sagen, Rauchen sei so gesellig. Stimmt, wenn sie sich wie Junkies auf Bahnsteigen und Balkonen zusammenkauern, werde ich schon neidisch sein.

„Rauchen ist cool", sagen sie. Pah, cool. Lachend werde ich dastehen, wenn irgendwo mal eine Sturmflut, ein Erdbeben oder sonst irgendein Unglück passiert, bei dem man schnell weglaufen muss und ich zu den Gesunden, Nichtrauchenden und damit Überlebenden gehören werde, weil ich die bessere Luft hatte. Das ist cool!

Dienstag, 9:00 Uhr:
Ich vermisse sie. Jetzt einen Moment des Genusses, was ich darum gäbe. Einen kleinen Moment nur. Vielleicht eine halbe… NEIN! Ich bleibe stark.

Dienstag, 12:30 Uhr:
Geschafft! Nun bin ich schon einen gesamten Vormittag Nichtraucher. Abzüglich der sieben Stunden, die ich geschlafen habe und in denen ich ebenfalls nicht geraucht habe. WOW! Ich bin der Wille in Person.

Dienstag, 13:30 Uhr:
So der Bauch ist voll. Jetzt 'ne Zigarette. Blättchen nehmen, Filter anlecken. Tabak hineingeben. Hin- und herrollen. Anlecken zukleben. Anzünden und… fallen lassen. WOW!!! Geht das ab. Aber nein, ich bleibe stark.
Ich muss mich nur daran erinnern, wie oft es weh getan hat. Wie oft konnte ich nicht schlafen, nicht atmen, wie oft hat sie mir die Luft geraubt? Nein ich will nicht mehr. Lass mich in Ruhe!

Dienstag, 16:30 Uhr:
Die Welt ist zum Kotzen. Meine Fresse, bin ich schlecht gelaunt. Warum? NIKOTINENTZUG. Aber diese Ausrede gilt nicht. Ich bin süchtig, und das weiß ich. Konsequenz: Ich brauche ein Surrogat. Kaugummis… helfen nicht, das sagt mir der kindsfaustgroße Klumpen

in meinem Mund. Jaja, irgendwas lutschen…toll, ich glaube, ich habe heute so viel gelutscht, dass die Werthers Echte-Aktie allein durch mich schon einen Aufschwung erfahren hat.

Nein, ich brauche echten Stoff. Also Nikotinpflaster, das letzte Eingeständnis eines Suchtkranken an sich selbst. Rauchermethadon! Gekauft, geklebt, weniger gereizt, aber immer noch süchtig. Und das Schlimmste: Die Scheiße dampft nicht mal!

Dienstag, 21:30 Uhr:
Mann, bin ich gut. Aber jetzt wird es hart, denn: Vervollständigen Sie folgende Wortkette durch den nächsten logischen Begriff: Kneipe, Freunde treffen, Bier trinken ….

Dienstag, 23:30 Uhr:
Nun gut, ich bin nicht zu ihr zurück. Alle um mich herum haben gequalmt, gepafft, gesaugt genuckelt… ich nicht. Ich bin knallhart geblieben. Ich weiß nur noch nicht, ob das auf die Dauer so funktionieren kann, dieses Konzept, das ich da zum Thema Kneipe und Nichtrauchen entwickelt habe.
Denn früher oder später, vermutlich eher früher, als später, habe ich dann ein weitaus größeres Problem: Denn Alkoholiker haben es zumindest scheinbar wesentlich schwerer im Alltag als Raucher. Während meine rauchenden Freunde um mich herum einen Schluck trinken, sich eine Zigarette anmachen und sich unterhalten, kralle ich zunächst Furchen in den Hals meiner Bierflasche, nehme einen Schluck, denke daran das ich jetzt, früher, an meiner Zigarette gezogen hätte, pule dann das Staniolpapier vom Flaschenhals ab, um dann direkt den nächsten Schluck zu nehmen. So geht

das den Abend über ca. 50 oder 60 Mal, und wenn die Bedienung nicht so aufmerksam gewesen wäre, hätte ich inmitten eines beträchtlichen Bierfriedhofs gesessen. Aber gut: wenigstens nicht geraucht.

Es wird noch ein sehr langer Weg werden. Aber nun bin ich inklusive der sieben Stunden Schlaf, in denen ich ja auch nicht geraucht habe, einen ganzen Tag NICHTRAUCHER. Also heißt mich willkommen in der Gruppe derer, die den nächsten Kometeneinschlag, die Flutwelle oder den Angriff der mutierten Mördermaikäfer aus der Hölle rennend überleben werden.

Apokalypse Mersch

Olker Maria Varnke

Wer träumt nicht davon? Ein aufregender, abwechslungs- und erfahrungsreicher Urlaub. Viele Leser werden dabei sicherlich gleich an Freeclimbing, Para- oder was auch immer- gliding, Dschungel-, oder Schatzjägertouren denken. Manch einer möchte wohl gar eine richtige Piratentour bestehen. So etwas ist übrigens – wider Erwarten – in der Türkei möglich. In so genannten „Schmugglerhöhlen" mit scharfkantigen Felsen und gewaltigem Wellengang erhält der Abenteurer dort Gelegenheit, sich ohne weitere Umstände äußerst männliche Wunden zuzuziehen, um mit selbigen zurück an Bord eines motorisierten Seelenverkäufers andere Freizeitfreibeuter kräftig zu beeindrucken, während die Crew der klapprigen Piratenjolle eifrig darum bemüht ist, die rote Färbung des Promenadendecks zu beseitigen und die Verletzungen mit Indianerfarbe zu mildern.

Das aufregendste Abenteuer aber konnte ich heute, gerade eben, erleben. Und das, obwohl ich mich überhaupt nicht im Urlaub befinde: Es ist Freitag, der 14. Oktober 2005, 20.43 Uhr. Noch immer läuft mein dreimonatiges Ruhrpottpraktikum und zurzeit sitze ich in der Regionalbahn von Münster nach Osnabrück. Eigentlich sollte dieser Streckenabschnitt bereits seit anderthalb Stunden hinter mir liegen, doch bin ich nach zwei Stunden Chaos im Personenzugverkehr der Deutschen Bahn des Klagens müde. Vielleicht überwiegt in mir auch ein Glücksgefühl, nehme ich doch immer deutlicher wahr, dass ich am Leben bin. Das kann freilich nicht jeder der Bahn-Nutzenden des heutigen Tages von sich behaupten – in welcher Weise man auch immer die Züge für seine Zwecke verwendet haben mag. Aber der Reihe nach:

Mit einem lachenden und einem weinenden Auge habe ich Ende letzter Woche registriert, dass zurzeit Herbstferien in Nordrhein-Westfalen sind. Für mein Pendlerdasein bedeutet dies glücklichere Zeiten für meine Brieftasche, da mir der Nahverkehrsfahrschein „SchöneFerienTicket NRW“ günstige Bahnpreise auf der täglich zu fahrenden Strecke zwischen Osnabrück und Münster verschafft. Nahverkehr bedeutet aber auch: zwei Mal Umsteigen und drei Nahverkehrszüge pro Turn. Das heißt: Ohne zehn bis zwölf Quäntchen Glück und eine gehörige Portion Gottvertrauen hat gleich nach Feierabend der Regionalexpress zwischen Bochum und Hamm mehr als sieben Minuten Verspätung, was insgesamt wegen unerreichbarer Anschlusszüge eine Stunde Zeitverzug bedeutet. Heute aber gehe ich glückselig zum Bochumer Hauptbahnhof, wird es doch nach dem anstehenden Wochenende nur noch fünf weitere Arbeitstage des Praktikums geben. „Wenn heute der RE nach Hamm Verspätung hat, ist es auch egal“, denke ich schmerzfrei. Doch welch positive Fügung! Der Zug fährt erstmals pünktlich in den Bahnhof ein – und das an einem Freitagabend. Das Schicksal scheint es heute ausgesprochen gut mit mir zu meinen.

Da erfahrungsgemäß auf die Anschlusszüge mehr Verlass als auf den Regionalexpress ist, den ich gerade besteige, schwebe ich geradezu der Heimstatt entgegen, in der Kind, Kegel und holdes Weib auf mich warten. Doch Schockschwerenot, beim Ausstieg in Hamm dringt die erste Posaune der Apokalypse per Lautsprecheransage an mein Ohr: „Sehr geehrte Fahrgäste, die Strecke

Hamm – Münster ist auf Grund eines Personenschadens bis auf Weiteres gesperrt. Für Reisende in Richtung Münster wird ein Schienenersatzverkehr eingerichtet. Abfahrt vor dem Bahnhofsgebäude gegen 18.30 Uhr."

„Personenschaden – Schienenersatzverkehr", die unter Bahnfahrern am stärksten gefürchteten Worte des Bahnhofsvokabulars klingen in meinen Hirnwindungen eine Weile nach. Oh wie viel lieber wäre mir ein blutrot gefärbter Nil oder eine Heuschreckenplage. Doch ich habe keine Wahl: Etwa um 18.45 Uhr kommt mir der Schienenersatzverkehr auf dem Bahnhofsvorplatz entgegen. Es handelt sich um einen vielleicht 30sitzigen Linienbus, auf den neben mir etwa 300 Menschen warten. Geistesgegenwärtig eile ich dem Vehikel entgegen, um vor allen anderen in es zu dringen, einen Sitzplatz zu ergattern. Mir gelingt es tatsächlich die zehnprozentige Chance zu nutzen – ich sitze. Zwar stinkt der alte Herr neben mir bestialisch und ein Gleiches tut die Dame hinter mir, deren heißer Atem beständig meinen Nacken streift, doch immerhin scheint es bald loszugehen. Dann aber reißen dem Busfahrer vor der Abfahrt doch die Nervenstränge: Nach zahlreichen Ansagen fühlt er sich unter heftigem Fluchen veranlasst, einem Ehepaar einen riesigen Seesack zu entreißen, der offensichtlich die Hintertür blockiert hatte. „Lassen Sie die verdammte Tasche hier, Sie sehen doch, dass die Tür nicht zugeht!", schreit der hochrote Schnauzbärtige. Als das Paar nicht gehorcht, droht die Situation zu eskalieren. Auch meine Hinterfrau äußert sich zu meinem Bedauern recht atemintensiv zu dem Vorfall, genau wie die meisten anderen Gäste im Bus. Als sich der Streit noch verstärkt, werfe ich einen flehenden Blick zum Himmel: Nein, die zweite Posaune ist noch nicht ertönt. Leider fällt kein großer brennender Berg vom Himmel, wohl aber Wasser und das nicht zu knapp. Nachdem das Gepäckstück dann doch so verstaut ist, dass sich die Tür schließen lässt, rollt der Bus unter den entgeisterten Blicken der etwa 240 geprellten Exbahnreisenden, die doch einfach nur mit der Bahn nach Münster fahren wollten, vom Hammschen Bahnhofsvorplatz. Während der Busfahrer keifend per Mikro über das Ziel der Reise philosophiert und als Ergebnis das auf halber Strecke zwischen Hamm und Münster gelegene Mersch festhält, denke ich über den Personenschaden nach, der für die Sperrung der Bahngleise verantwortlich war und uns Fahrgästen diese Misere bescherte. Eine junge, gescheiterte Existenz wird sich vor einen Zug geworfen haben. Doch warum nur mit solch einer Geltungssucht? Welcher Egoismus hat diesen Menschen dazu gebracht, mit seinem Lebensende so viele brave Bürger zu belästigen? Hätte es nicht eine stille Spritze Insulin in der Wohnung auch getan? Ohne eine befriedigende Antwort in dieser Sache gefunden zu haben, treffen wir auch schon um 19.44 Uhr in Mersch ein. Doch bereits beim Lesen des Ortsschildes ahne ich: Der Name muss Tarnung sein. Es kann sich nur um die große Hure Babylon handeln. Hier lauert die vielköpfige Chimäre – der Antichrist! Und so wartet am Bahnhof auch schon seine erste Verführung: ein haltender Zug. Doch alle Hoffnung meiner Mitreisenden auf rasche Weiterfahrt nach Münster erlischt nach Befragung des Zugführers, der nach eigener Aussage ja wohl nichts dafür könne, dass er nicht fahren dürfe und auch nicht wisse, wann und ob wir abgeholt würden. Ich habe es gewusst, der Zug war einer der Chimärenköpfe. Noch viele weitere sollten an diesem Abend durch Babylon fahren, uns voller Hohn und Spott anlachen, wenn sie nicht halten und die verzweifelt Wartenden am Bahnsteig zurücklassen sollten.

Bis vor wenigen Minuten war ich mir sicher, an diesem Abend vom Antichristen verschlungen zu werden, doch nun sitze ich wieder sicher in einer Regionalbahn. Während ich diese Zeilen schreibe – es ist mittlerweile 21 Uhr geworden – wandern meine Gedanken an den bald erreichten heimeligen Kamin und den allabendlichen Cognacschwenker. Noch einmal scheint der Tag der Apokalypse hinausgezögert, doch die Bahn hat mich gelehrt, dass er uns unweigerlich bevorsteht.

Kids with guns
Kalle Kalbhenn

Neben allen Vorzügen der Neuzeit (Gleichberechtigung, Billig-Airlines, mp3s und Grillplatten für zwei Personen) machen sich mittlerweile auch einige Kollateralschäden der rasanten Entwicklung bemerkbar (Umweltverschmutzung, Terrorismus und Reinhold Beckmann). Ein besonders übelriechendes Nebenprodukt: der Lebenslauf. Ohne Softskills, Fremdsprachenkenntnisse und Zusatzqualifikationen ist die Eintrittskarte zum Jahrmarkt der Karrieren ungültig. Wer heute aus dem Kindergarten entlassen wird, steht unter ständiger Beobachtung der Lebenslaufmafia.

Der Kindergarten an der Herbstallee in der Tabakmetropole Bünde ist dafür bekannt, Verlierer hervorzubringen. Häufig trifft man die Alumni der blauen, grünen oder gelben Gruppe am Elseufer auf einer Metallbank sitzend, wie sie den Frust mit einer Dose Hansapils wegspülen. Im Rahmen der Initiative „Mehr investigativer Journalismus in der *Kommunikaze*, aber zackig!" will ich mehr erfahren und begebe mich ins Herz von Ostwestfalen-Lippe.

In einem Wettbüro an der Bahnhofstraße, Ecke Kleiner Bruchweg, treffe ich den Frühlingswegabsolventen Paul Nebel. Er galt als großes Talent, übersprang mehrere Klassen, studierte in Rekordzeit etwas Vernünftiges und war nebenbei UNICEF-Botschafter. Nebel spricht fünf Sprachen. Heute sitzt er in grauer Jogginghose und mit fettigen Haaren in der hinterletzten Ecke des Ladens. Direkt unter dem Ferneseher. Um etwas vom Spiel zu sehen, muss er Nackenstarre in Kauf nehmen. Nebel hat drei Euro auf eine Kombiwette platziert. Bayern muss nur noch gegen Cottbus gewinnen, nach 20 Minuten steht es 0:4 und Bayern spielt mit zehn Mann, weil Oliver Kahn den Schiri verprügelt hat. Nebel ist der ewige Verlierer. Einen talentierten Kindergartenabsolventen hatte ich mir anders vorgestellt. Nebel war immer Jahrgangsbester. Warum ist aus ihm ein Spieler geworden? „Mit meinem Lebenslauf kann ich mich nirgends bewerben. Ihm haftet der Makel meines Kindergartens an. Dort wurde Wert auf soziales Verhalten gelegt, während andere Kindergärten schon Japanisch als zweite asiatische Fremdsprache unterrichteten."

Nebels Bruder ist erfolgreich, hat eine steile Karriere hinter sich. Mit 15 war er Mitglied im Bundestag und Vorstandsvorsitzender von Volkswagen. „Der war woanders. Sein Kindergarten hat ihm ein Praktikum im Europäischen Parlament organisiert, während ich gelernt habe, niemanden zu ärgern, nur weil er fett ist." Nebels Work/Life Balance ist zurzeit unausgeglichen (100% Life und 0% Work). Ideal ist neuesten Untersuchungen zu Folge 50/50. „Früher wollte ich immer Detektiv werden. Dass das Leute sind, die gegen Bezahlung Details über das Sexualleben anderer Menschen herausfinden, stand aber nicht in der Mickey Maus."

Ich kann mir diese Losergeschichte nicht länger anhören, fülle noch einen Tippschein aus und gehe zu meinem nächsten Gesprächspartner.

Auf einer Metallbank an der Else treffe ich den Kindergartenleiter Martin Blumental. Bei einer Dose Hansapils konfrontiere ich ihn mit der Tatsache, dass die Absolventen seines evangelischen Kindergartens ausnahmslos Verlierer sind. Blumental schaut erstaunt. Er blafft mich an und droht mit Schlägen, falls ich irgendetwas dazu schreibe. Nachdem ich ihm Verschwiegenheit versprochen habe, verrät er mir, dass der Kindergarten gerade von einer amerikanischen Kette aufgekauft wurde. Künftig beginnen die Kinder direkt mit einer zweiten Fremdsprache und im zweiten Jahr folgt dann die erste asiatische Fremdsprache. Des Weiteren kooperiere man mit der Wirtschaft. Er selbst wolle bald nach Ungarn ziehen und dort mit einem Mähdrescher über Weinberge fahren.

Während ich zurück in die Redaktion fahre, erinnere ich mich an meine Kindergartenzeit. Wir kamen täglich fröhlich pfeifend an, tranken unsere Milch und gingen fröhlich pfeifend – in der Gewissheit, später einmal Detektiv zu werden – wieder nach Hause.

Heute können Kindergartenkinder Konfuzius im Original lesen.

Stille Tage im Klischee

Stefan Berendes

Das Auto fährt die Landstraße entlang, und am Fenster zieht die Landschaft Ostwestfalens vorbei. Einfach nur ein Ausflug. Einfach nur Du und ich. Man sollte denken, dass es interessantere Orte gibt, die man besuchen könnte, aber das ist gar nicht der springende Punkt: In der falschen Gesellschaft kann man sich wahrscheinlich auch in Rom oder Paris hervorragend langweilen. Zum Glück aber keine falsche Gesellschaft, sondern nur Du und ich und Ostwestfalen, wie gesagt.

Auf der Terrasse des Cafés sitzen etwa zwanzig Rentner, starren auf den See hinaus und warten auf den Tod. Einige Schwäne drehen auf dem Wasser aggressiv ihre Runden, und ein halbes Dutzend Jugendliche hat sich verschämt mit einer Tasche voller Dosenbier in den Wald geschlichen. Wir sitzen auf der Uferterrasse und trinken den schlechtesten Eiskaffee Europas. Aber die Aussicht ist toll, und ausnahmsweise stört nichts und niemand.

Abends gucken wir im Pantoffelkino einen Actionfilm und essen viel zu viel Popcorn. Am nächsten Morgen habe ich einen Hexenschuss, und Du fährst mich in einen Kurort, damit mein Rücken wieder besser wird. Die Salinen helfen natürlich in erster Linie bei Atembeschwerden, aber es ist die Geste, die zählt.

Wir spazieren durch die Innenstadt des Kurortes. Früher muss hier irrsinnig was los gewesen sein, aber das ist lange her: Der Charm der Sechziger regiert das Stadtbild. Hier hat sich augenscheinlich schon sehr lange nichts mehr verändert. Aber irgendwie hat man auch das Gefühl, die Zeit vergehe hier etwas langsamer als anderswo. Und das ist im Grunde sehr gut so.

Ich sehe Dir an, was Du denkst: dass ich das alles entsetzlich langweilig und kitschig finde. Dass mir das alles nicht spektakulär genug ist. Aber mit den richtigen Menschen gibt es keinen falschen Zeitvertreib. Manchmal braucht man kein Feuerwerk, keine laute Musik, kein Tohuwabohu. Manchmal braucht man einfach nur Zeit.

Auf dem Platz vor dem Kurhotel lässt sich eine unglaublich dicke Katze von den Kurgästen erfolgreich mästen. Die Telefonzellen aus grün angestrichenem Beton wirken wie gigantische Pilze von einem anderen Planeten.

Es ist schrecklich. Es ist wunderbar. Ich bin glücklich.

Was macht eigentlich meine Familie?

Esther Ademmer

Durch die großen Fenster fällt Licht auf lange Tische. Darunter glänzt das Parkett. Von Tischdecken mit Spitzenrand blitzt Silberbesteck. Bleierner Geruch von Sommerblumen dringt in meine Nase, während ich ertrage, was unvermeidbar scheint.

Zwei Menschen betreten den Raum. Der eine, mein Bruder: im schicken Anzug. Der zweite, seine Frau. Seit genau zwei Stunden. Sie quietscht, als er ihr schwungvoll unter den Hintern packt, um sie über die Türschwelle zu heben. Was dann folgt, ist weniger feierlich: Ein paar finstere Gesichter lugen hinter dem Brautpaar durch die Tür.

Meine Familie. An Onkel Gustav, im Stammbaum taucht sein Name flüchtig auf (halb rechte Position, zweite Reihe von unten), erinnere ich mich erst, als er penetrant auf den Arsch der Kellnerin glotzt. Er wischt sich noch schnell den langen Speichelfaden ab, der sich von seinem dünnen Mund aus bis zur Wölbung seines Bauches spannt und kippt das erste Glas Sekt seinen speckigen Hals hinunter.

Bei den anderen Gesichtern, die sich vor dem Brautpaar aufbauen, hege ich seit langem Bedenken. Gleiche Gene, gleiche Herkunft, schier unmöglich. Höflich schüttelt die Braut Hände, nimmt Glückwünsche entgegen und überhört gekonnte Dreistigkeiten. „Na, da hattet ihr's aber eilig, wat?" Der Speichelonkel reicht der Braut lasch die fettige Hand und zeigt mit der anderen auf ihren wohlgenährten Bauch. „Haha, is' wohl schon wat unterwegs, hä?" Ihr Gesicht als Regenbogen: Von gelblich Weiß auf Dunkelrot zu einem satten Apricot wechselt ihre Hautfarbe in nur drei Sekunden, bevor sie souverän entgegnet: „Schwanger nein, fett ja!" Ohne weitere Zeit zu vergeuden, wendet sie sich anderen Gästen zu.

Meine Cousine. Im Familienbuch steht ihr Name in der letzten Reihe, direkt neben meinem. Tochter des Bruders meines Vaters. Für die Hochzeit hat sie sich extra schön gemacht: Ihr schweineartiger Hängebauch ist in zartrosa Plastikstoff gepackt, der am Rücken leider ein zweites Dekolleté entblößt. Nun kann man gar nicht mehr erkennen, wo vorne und hinten ist. Überall kommt Kacke raus. Ein Tarnungsversuch. Der Designer ihres rosa Zeltes hat das Problem erkannt und pragmatisch gelöst: Eine riesengroße pinkfarbene Schleife markiert die Hinterseite: Von der körperlichen Nordhalbkugel, kurz unter dem Rückendekolleté, über den kraterübersäten Äquator bis zur Kniebeuge kräuselt sich die Tüllschleife in kleinen Maschen. Höflich schüttelt sie die Hände des Brautpaares und stürmt zum Büfett.

Vorbei rollt meine Oma, die einzige gescheite Person in dieser Familie. Sie verteidigt die Ehre der dritten Stammbaumreihe von unten und ist die letzte ihrer Generation, die Anderen haben zwei Weltkriege oder der Schrecken über ihre Nachfahren hinweggerafft. Ein solides Ursprungsgen steckt in dieser Frau. Durch äußere Einflüsse vermischt und mutiert, zeigt es die hässliche Fratze der Veränderung. Die Beine meiner Oma stellten nach 100 Jahren das Laufen ein, ihr Harn rennt umso mehr. Noch schwimmt er friedlich in seiner Blase, ungewiss, wann er sich das nächste Mal ungebremst den Weg ins Freie bahnen wird.

Die Trockenzeit nutzt Oma immerhin für aufrichtige Glückwünsche.

Neben mir sitzt mein Vater und schweigt. Aus ideologischen Gründen hat er sich zu dieser Position durchgerungen, wenn sich wieder einmal jemand entschließt, unseren seltsamen Stammbaum um einen Ast zu verlängern. Ihm leuchtet nicht ein, was daran zu feiern wäre. Seine einzige Beschäftigung: Im Minutentakt bewirft er seinen Speichel-Schwager Gustav mit tödlichen Blicken. Der kontert mit bekannten Methoden: Neuankömmlinge begrüßt er mit dem Hitler-Gruß, ein forderndes Grinsen in Papas Richtung inklusive.

Unsere Familie ist die Schaubühne aller gesellschaftlichen Konflikte: rechts gegen extrem links, unglaublich dick gegen dünn, schlau gegen scheiße blöd und natürlich alt gegen jung. Eine erstaunliche Verbindung dieser Konflikte bringt ein verwandtes Ehepaar aus der zweiten Stammbaumreihe mit. Meine Großtante Brigitte und ihr Mann Otto. In der Ehe der zwei kämpfen dick (Brigitte) gegen dünn (Otto) und extrem blöd (Otto) gegen unglaublich scheiße (Brigitte). Nur, dass Otto davon nicht so viel zeigt. Er spricht schon seit ein paar Jahren nicht mehr. Seine Frau redet für ihn mit.

Die zwei sitzen am anderen Ende des langen Tisches. Sie kümmert sich klassisch um das leibliche Wohl. Unmengen von Kuchen türmen sich kurzzeitig auf ihrem Teller. Als sie fünf Stücke Nusstorte verdrückt hat, bemerkt sie den kritischen Blick meines Bruders. Langsam betrachtet er das ausladende Hinterteil der Großtante. Sie wechselt ihre Strategie. Liebevoll dreht sie sich zu Otto um: „Otto, iss doch noch ein Stückchen!", sagt sie und hievt als Antwort ein Drittel Schwarzwälder

Kirschtorte auf seinen Teller. Der dünne Otto freut sich und greift hastig zur Gabel, selten hat er bislang so viel Gutes auf seinem Teller erblickt. Nach zwei genussvollen Bissen legt er allerdings nicht schnell genug nach. „Ach, bist du schon satt, mein Schatz?", dröhnt es von der Seite. Brigitte zieht am Teller und sagt laut mampfend: „Otto, eine Sünde, eine Sünde, diese Torte stehen zu lassen." Otto läuft eine Träne die Wange hinunter. Sie wischt sie schnell weg.

Währenddessen auf der anderen Seite des Tisches: Meine Cousine erhebt sich von ihrem Stuhl, der erleichtert krächzt. „Ich hab was vorbereitet", grölt sie, und ein monotones „Aaah!" steigt aus dem Dunst der Hochzeitsgesellschaft auf. „Jaa, dankeschön, dankeschön, und los geht's: erste Strophe!" Der rosa Berg mit Schleifenschmuck baut sich in voller Montur neben den Tischen auf und leiert: „Unglaublich aber wahr, Braut und Bräutigam sagen Ja. Nun stimmen wir recht fröhlich ein, die Braut will Teil der Familie..."
Die Braut scheint noch so ihre Zweifel zu haben. Sie steckt sich die Finger in die Ohren.

Als die Tortur vorüber ist, geht die Party endlich richtig los. Die One-Man-Band spielt Hits wie Maccarena und Cotton Eye Joe. Die Party gewinnt an Fahrt. Auch die Tanzfläche ist voll. Gefüllt mit dem pinken Tüllmonster, das laut singend die Choreographie zu seinen Lieblingshits vorführt. Für mehr Körper bleibt da kein Platz.

Mein Vater wirft kleine Juckpulver-Kügelchen in Richtung Onkel Gustav. Er ist gerüstet für den Nahkampf. Gustav dankt es ihm mit ein paar besonders lauten Ausländerwitzen, die er Oma ins Ohr schreit, die

kein Wort versteht. Da trifft das pulvrige Kügelchen aus den Händen meines Papas das Haupt des bösen Onkels. Der köpft das giftige Rund gekonnt in den Ausschnitt meiner Oma, die sich nervös zu kratzen beginnt.
Aus den Boxen dröhnt es: „Hee, Maccarena!".

Als die Cousine mit einem donnergleichen Sprung auf dem Parkett landet, entscheidet sich der Urin meiner Oma, die heimelige Blase zu verlassen. Alle Dämme brechen. Das gelbe Nass flutet den glänzenden Parkettboden. Prompt rutscht die Cousine beim Popo-Wackeln aus und fällt auf die monströse Tüllschleife. Nicht ohne Wirkung: Ein Erdbeben erschüttert den Raum und peitscht Wellen von Omas Säften in Richtung Büffettisch.

Eine erstaunte Tante Brigitte versucht noch die Brandung vor ihrem Kuchenteller zu stoppen, aber selbst ihr sandsackgleicher Körper mag gegen die Macht des Wassers nichts ausrichten. Ein letztes Stück schiebt sie sich noch in den Mund, bevor sich Sahnecreme und gelber Harn zu einer hellbraunen Masse vereinen.

Onkel Gustav fischt das Juckpulver aus dem Ausschnitt meiner Oma und brüllt lautstark auf meinen Vater ein. Bei diesem Kerl ist nur Gewalt eine Lösung: Mein Vater springt auf und schlingt seine Hände um den Rinderhals des Zellhaufens aus Stammbaumreihe zwei. Und drückt zu. Ich lache ein bisschen und warte auf den Zeitpunkt, an dem das Rot zu gräulichem Weiß wird.

Da hechtet mein Bruder über die Tische, greift Papa von hinten unter die Arme und lockert den Würgegriff. Welch Fehler! Mit seinen fetten Fingern schnappt sich der wütende Onkel gleich beide Hälse. „Der Kommunist und seine Brut, das hätte man früher schon viel eher mit euch gemacht!", lacht er dreckig und verstärkt den Griff. Die zwei japsen ein letztes „Hilfe!".

Die Heldin der Ahnenreihe, verantwortlich für die Flutkatastrophe, brettert in letzter Sekunde wegen Aquaplanings mit ihrem elektrischen Rollstuhl gegen Onkel Gustav und zwingt ihn zu Boden. Im seichten Pipiwasser prallt er mit dem Kopf auf und verliert das Bewusstsein. Die Hochzeit hat plötzlich einen Sinn.

Die Braut sitzt in der Ecke, gleich neben mir. Verstört schaut sie geradeaus. Ich zücke ein hellbraunes Papier aus meiner Jackentasche. Zwei Namen stehen am oberen Ende. Sie hat noch nie von ihnen gehört. Dünne Striche gehen von ihnen ab, immer mehr Namen kommen hinzu, sie werden bekannter. Ganz unten, neben dem meines Bruders, steht ihrer. Die Tinte ist noch nicht einmal richtig getrocknet. „Willkommen!", sage ich. Sie schreit.

Keine Freundschaft

Tobias Nehren

Geküsst hab ich Dich, schmeckte nach mehr, nach viel mehr. Leicht geschrieben ist das jetzt, leicht gedacht, aber der Weg dahin war alles andere als einfach. Die Hosen runterlassen, sich verletzbar machen, Gefühle zeigen, fällt nicht leicht. Keinem. Deshalb wartet man, bis man sich einigermaßen sicher ist. War ich mir.

Abgewiesen hast Du meinen Kuss nicht, erwidert hast Du ihn. Dann bist Du mit einem Lächeln gefahren, mit deinem rosa Fahrrad. Dass Du ein rosa Fahrrad fährst… Passt gar nicht zu Dir. Egal. Ich bin auch gefahren. Ins Bett. Geschlafen, gut geschlafen, nicht viel drüber nachgedacht. Mich gefreut. Den Kuss genossen und nicht zerdacht. Erst morgens erste Zweifel. Habe mir dann verboten, darüber zu sinnieren und beschlossen, einfach mal die Kontrolle zu verlieren und mich treiben zu lassen. 14 Uhr: SMS, ob ich Bock auf Beck's habe. Logo. Wieder gefreut. Verbringe schließlich gerne Zeit mit Dir, alleine wie in Gesellschaft.

Dich abgeholt. Mit Dir und Deinem rosa Fahrrad in die Kneipe gefahren. In der Kneipe gesessen. Eigentlich alles cool, Du zu cool, wie sich bald herausstellt. Sagst: „Ich weiß, dass ich mich im Augenblick nicht verlieben kann" und „verbringe supergerne Zeit mit Dir, aber lass es uns bei Freundschaft belassen." Möchte sagen: „Scheiß auf Freundschaft!", „Fick Dich!", „Fick Deine Freundschaft!", aber sage: „Ist okay", „muss ich akzeptieren". Fühle mich durch das „Tut mir leid" in Deinem Blick wie ein Kleinkind, das kotzt mich an.

Die Situation ist scheiße. Macht Dir auch keinen Spaß. Mir aber egal. Ich wollte Spaß mit Dir, keine Freundschaft.

Let's not play the background, let's play the music!

Jennifer Neufend

Die Scheinwerfer schieben das Schwarzblau der kalten Nacht Stück für Stück nach vorne. Alles, was von dem Lichtkegel unbeobachtet bleibt, ist unsichtbar und unwichtig für sie. Der Himmel ist klar, der Wagen bewegt sich weiter, immer weiter Richtung Westen.

Was erwartet sie? Während er das Lenkrad gerade hält, öffnet sie die silberne Thermoskanne. Eine warme, dampfende Wolke verbreitet sich im Wagen und legt sich als leichter Schleier auf die Scheiben. Der Proviant ist längst verzehrt, das beinahe letzte Geld für Benzin ausgegeben. Sie kramt in ihrer Strickjacke, in der Seitentasche hat sie noch zwei Dollarscheine. Im Aschenbecher sind noch drei.

Er dreht die Musik etwas lauter „...she's out there knocking on my door, what do you want this time? How can a blind lead the blind? It's alright, just you step right inside..." Seit Stunden hat sich die Nadel an der 60-Meilen-Marke festgehakt. Hin und wieder kommt ihnen ein Lastwagen entgegen. Sonst kein Tier, kein Mensch. Nicht einmal ein Tramper.

Sie haben nichts, kein Geld, keinen Job, keine Ersparnisse. Nur diesen alten Cadillac – und sich. Vor Tagen sind sie in Newark aufgebrochen, auf den Weg haben sie sich gemacht nach Westen, ins neue Land, in eine neue Zukunft.

Mary hat es nicht leicht. Der Kleine schreit schon wieder. In den letzten Tagen weint er viel, vermisst Mary. Sie hat einen neuen Job, einen weiteren neuen Job. In dem Coffee-Shop ist es eigentlich ganz okay. Zumindest bis jetzt. Leider bleibt ihr nicht viel Zeit für ihren Sohn.

Die U-Bahn ist voll. Einen freien Platz findet Mary zwischen einem Banker und einer Reinigungsfrau. Der eine fährt zur Arbeit, die andere kommt von ihr. Mary denkt sich gerne die Geschichten zu den Menschen aus. Was machen sie, wo fahren sie hin, wo kommen sie her? Noch drei Haltestellen. Eigentlich wollte Mary immer studieren, am liebsten Modedesign. Auf der Nähmaschine, die sie von ihrer Mutter geerbt hat, näht sie heute noch, manchmal. Sie hat die zweite Schicht, der größte Andrang ist schon vorüber.

Endlich die Lichter der Stadt, einer Stadt. Die Sonne färbt den Horizont rubinrot. Es scheint, als ende der Tag, nicht als breche er an. Der Verkehr nimmt zu. Menschen in grauen Autos und grauen Anzügen fahren aus der Stadt, ihnen entgegen, und in die Stadt, eine graue Kolonne. Jetzt wird sie wach, streckt sich. Langsam dreht er seinen müden, schweren Kopf zu ihr und lächelt. Sie sagt: „Es ist schön, mit dir zu fahren!", und berührt ihn kurz an der Hand, die - sich ausruhend - auf seinem Schenkel liegt.

Latte, Caffè Latte, den verkaufen sie sehr häufig. Auch schwarzen Kaffee. Gerne sitzen die Bewohner dieser Stadt vor dem großen Fenster und schauen nach draußen, die einen sehnsüchtig, die anderen verträumt. Wieder andere lesen Zeitung. Hier riecht es immer gut. Mary beginnt die Stehtische abzuwischen.

Der Wagen rollt in die Stadt, schwer und träge liegt er auf dem Asphalt. Die nächste Möglichkeit zu parken nutzt er. Sie müssen nicht weit laufen, bis sie zu einem Coffee-Shop gelangen, die Zahnbürsten in den Jackentaschen, sie hat einen kleinen Kamm dabei. Hier ist es warm, und es riecht gut. Gerösteter Kaffee, Kuchen und warme Milch. Leise läuft Musik. Er verschwindet auf der Kundentoilette, während sie zwei Kaffee bestellen will.

„Sehr müde sehen die zwei aber aus", denkt Mary. Keine üblichen Gäste am Morgen, nicht frisch geduscht, mit Aktentasche oder Handtasche. „Zwei große Kaffee, bitte", sagt sie freundlich. Mary schaut sie an. Die Blicke treffen sich und bleiben einige Sekunden aneinander hängen. – „Large oder Extra Large?", fragt Mary.

Minutenschwere

Jan Paulin

Ihr Latte Macchiato sieht ganz schön übel aus. Abgelöffelt wie unser Gespräch. Immer wieder ins Stocken, dann zum Stillstand gekommen. Das Kakaopulver, beim Servieren noch auf der Sahnespitze thronend, jetzt braunes Schweigesediment am Glasrand. Jede klebrige Maser ein Altersring im Baumstumpf unserer Konversation. Abgesägt vor Jahrzehntelsekunden. Meine Hände schwitzen, haben den ganzen Wald abgeholzt und trotzdem keinen Zündstoff für ihr Feuer gefunden. Schon schaut sie aus dem Fenster und denkt ans Flüchten: Über alle Berge, zu den sieben Zwergen. Das ist die Punkversion einer Schweigeminute. Keine Möglichkeit für einen Neuanfang. Der richtige Moment ist schon lange vorbeigezogen. Einmal, zweimal, ein drittes Mal, und jetzt ist es zu spät. Keine Chance für die Liebe, lockere Verbindung lebenslänglich. Wenn überhaupt! Dabei haben auch Zwerge mal klein angefangen. Weiß sie das etwa nicht?

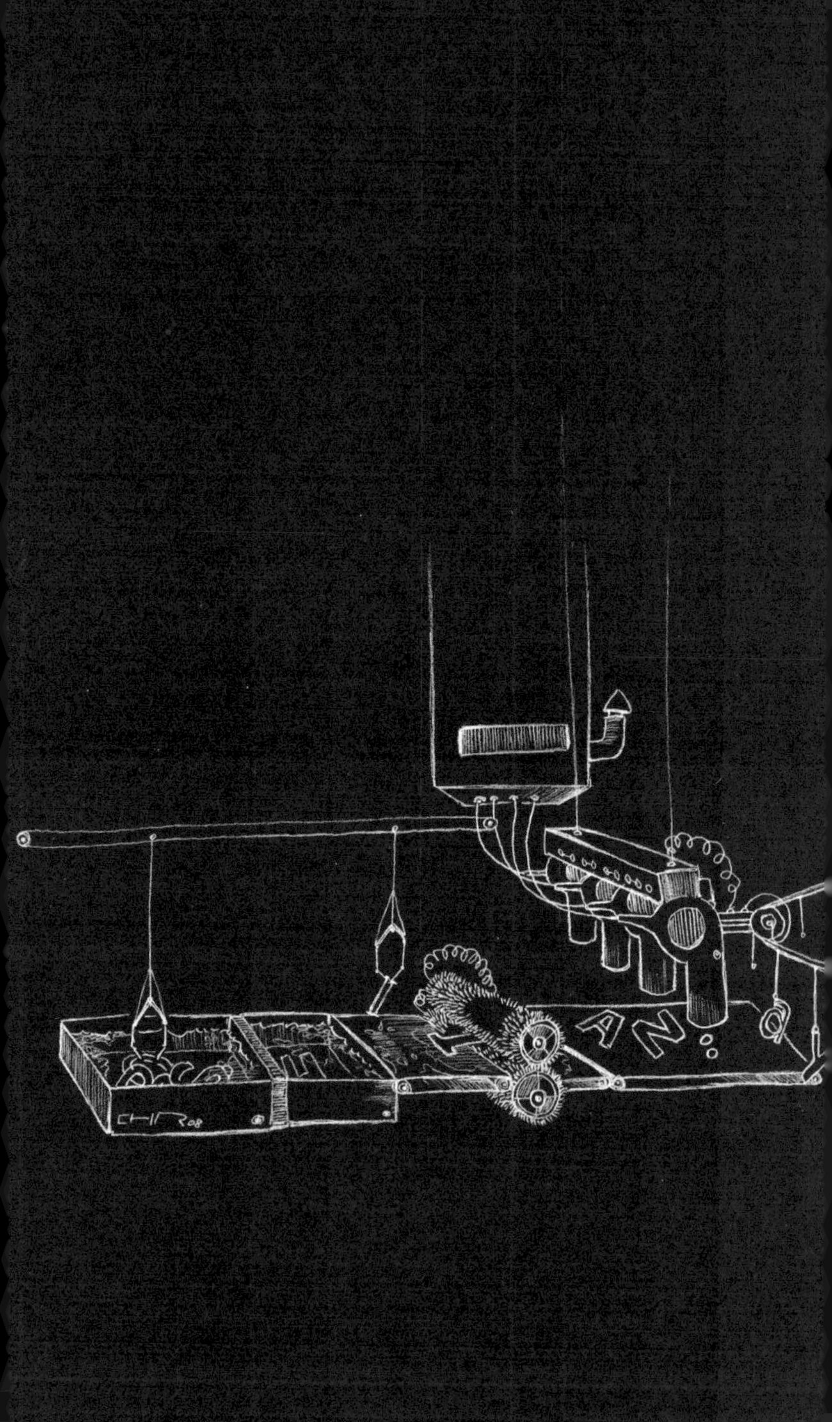

Fiction

„Fiction, Fiction, Fiction!", schreit allwöchentlich der Kommunikaze-Chefredakteur durch das Redaktionshochhaus. Die Erschaffung einer eigenen Welt wird gefordert, nicht weniger als etwas gänzlich Neues sollen die Autoren ihm auf den Schreibtisch liefern. Ob in den Hirnen der Redaktion wirklich neue Welten erschaffen worden sind, das wird nur die literaturwissenschaftliche Debatte in den nächsten Jahrzehnten klären können. In den Köpfen der Autoren unserer Postille jedenfalls hat die reale Welt genug angerichtet.

Abschalten, Baby!

Darren Grundorf & Stefan Berendes

Was läuft eigentlich im Fernsehen? Nach dem Tod der deutschen Fernsehunterhaltung, der großen Showabende und bunten Galas irgendwann Mitte der Neunziger wurde der damalige *Kommunikaze*-Redaktionspraktikant Hans-Ullrich Jörges angewiesen, das TV-Gerät für alle Zeiten aus den Redaktionsräumen zu verbannen. Vor vier Wochen fand der Bundesnachrichtendienst es im Rahmen der vierteljährlichen Redaktionsdurchsuchung wieder: auf dem Speicher neben einer Kiste mit Paulins Recherchen zu einem geplanten Chemiewaffenanschlag auf den Heidepark Soltau. Ein wenig verstaubt, die Zimmerantenne gerostet, aber immerhin mit Bild und Ton durfte es wieder in unser Großraumbüro zurückkehren. Was der Kasten allerdings von sich gab, rief in der Redaktion Irritation bis Entsetzen, vor allem aber Müdigkeit hervor. Was ist mit dem deutschen Fernsehen in den letzten zehn Jahren passiert? Um uns einen Überblick zu verschaffen, hat *Kommunikaze* Feuilleton-Chefredakteur Darren Grundorf und Hauptstadtredaktionschef Stefan Berendes losgeschickt, um eine Woche lang verschiedene Fernsehformate zu besuchen. Sie trafen Alfred Biolek, Günther Jauch, Christoph Schlingensief und einmal – während der Rauchpause – die „Vollidioten vom Marienhof" (Grundorf). Hier ist ihr Bericht:

Früher war die HÖRZU noch ein Faltblatt, heute fasst sie 116 Seiten, auf denen neben dem sonstigen Gedöns (Gesünder leben, Turnen gegen Rheuma, Butterkuchen selber machen) auch das Fernsehprogramm reingeschrieben ist. Kurz gesagt: Es ist viel zu viel. Deshalb hat die Redaktion einen bunten Querschnitt deutscher Fernsehunterhaltung für uns ausgewählt, wobei jeder natürlich seine Lieblingssendung auf die Liste setzen durfte. Nach längeren Vorverhandlungen mit den betroffenen Sendeanstalten beginnt für uns eine spannende und erlebnisreiche Woche – wo sonst, wenn nicht in der guten Stube des deutschen Fernsehens, im aktuellen Sportstudio?

ZDF, Samstag, 22:30, Aktuelles Sportstudio: Poschmanns Torwand (D. Grundorf)

Mainz, ein Samstagabend. Das aktuelle Sportstudio öffnet seine Pforten für mich. Zugegeben, ein wenig Überzeugungskraft brauchte es schon, bis sich ZDF-Unterhaltungschef Viktor Worms einverstanden erklärte, mich in der Sportsendung mitwirken zu lassen. Aber das wird ja nun auch langsam mal Zeit. Schließlich kann doch gerade ich mit einem Fußballsachverstand aufwarten, der seinesgleichen sucht, und hätte ich nicht wegen einer angerissenen Patellasehne meine Fußballschuhe frühzeitig an den Nagel hängen müssen, dann hätte die Nationalmannschaft heute kein Defensivproblem.

Nun, Moderator Wolf-Dieter Poschmann scheint dies dann aber überhaupt nicht zu interessieren, er stellt mich als Redakteur der Zeitschrift „Kamikaze" vor, der heute mal hinter die Kulissen der Sendung schauen will. „Nun, das ist so nicht ganz richtig, Wolf-Dieter", falle ich Poschmann ins Wort, doch der beschäftigt sich schon mit seinen weiteren Gästen an diesem Abend: Günter Netzer und die Speerwerferin Steffie Nerius. Kurz gesagt: eine audiovisuelle Katastrophe.

Poschmann ist da anderer Meinung. Aufgeregt fragt er nach Nerius' Gefühlswelt, als sie bei den Leichtathletik-Weltmeisterschaften in Helsinki die Bronzemedaille geholt hat. Günter Netzer erzählt auf die Frage, ob es in seiner Karriere für ihn einen ähnlichen berauschenden Augenblick gegeben habe, zum 500. Mal im deutschen Fernsehen, wie er sich im Pokalfinale gegen der 1.FC Köln selbst eingewechselt und dann das entscheidende Tor gemacht hat. Um die Zuschauer aus ihrer Lethargie zu reißen, hake ich ein und beschreibe die Sekunden, als ich mit dem TV Elverdissen im Kreispokalhalbfinale gegen TuRa Löhne trotz angerissener Patellasehne mal das... doch unterbricht mich Poschmann schon wieder, um noch einmal auf Helsinki zurückzukommen. „Gab es einen Moment, wo sie wussten: Heute klappt es mit der Medaille?", fragt er Nerius. „Nun, mach doch nicht so einen Terz um diese bekloppte Speerwurf-Weltmeisterschaft!", belle ich Poschmann entgegen. Dieser belehrt mich, der Speerwurf habe in Deutschland eine lange und erfolgreiche Tradition, und Steffie Nerius sei eine vorbildliche deutsche Sportlerin. Auch meinen Einwand: „Sie wirft einen Stock von sich weg!", lässt er nicht gelten.

Ich habe mich disqualifiziert: Für den Rest des Gesprächs bleibe ich außen vor. Ich lehne mich zurück und warte auf das Torwandschießen. Die Unterhaltung zieht sich hin. Poschmann („Hatten Sie an diesem Tag eine Vorahnung" Nerius: „Nein.") und Netzer („Bonhof passte mir den Ball zu, ich hatte mich kurz zuvor selbst eingewechselt, Schuss, Tor...") ignorieren mich. Dann geht es endlich an die Torwand. Netzer legt vor und trifft drei unten, drei oben, und auch Steffie Nerius trifft viermal. „Na, werden sie sich einer Speerwerferin geschlagen geben, Herr Grundig?", witzelt Poschmann. Das haben wir gleich, denke ich, lege mir die Kugel hin und nehme Anlauf. Mein erster Schuss zerlegt die Torwand, der Nachschuss trifft Poschmann ins Gemächt. Ich reiße die Arme in die Höhe, Nerius und Netzer schauen mich irritiert an, ich schaue Poschmann nach, der in sich zusammengekrümmt vom Set getragen wird und etwas wie „Das wird Konsequenzen haben" von sich gibt. „1:0, Du Kasper!", lache ich in mich hinein.

**WDR, Dienstag, 17.50, Alfredissimo:
Trari-Trara und Lachstartar (D. Grundorf)**

Kochen ist nicht gerade eine meiner Leidenschaften. Und schon gar nicht mit Alfred Biolek. Zu Beginn gibt es schon den ersten Disput: Ich habe Knorr Spaghetteria Pasta Funghi, eine Fertigmischung, mitgebracht. 500 ml Wasser zum Kochen bringen, den ganzen Pröddel reinkippen und umrühren. Biolek hingegen will einen Burgunderbraten mit Rotkohlköpfchen, gerösteten Serviettenknödeln, Spargelsalat mit Lachstartar an Schwarzbrot und eine Erbsensuppe mit Gemüsewürfeln und Kerbelschmand herrichten.

Natürlich müssen wir den Burgunderbraten machen. Da hilft auch mein Vorschlag nicht, wir könnten zur Variation Peperoni an die Funghi-Mischung schneiden. Biolek hat schnell meine Hilflosigkeit erkannt, will also persönlich Braten und Gemüse vorbereiten, ich soll mich um den Kerbelschmand kümmern. Meinen Einwand, ich wüsste nicht einmal, was Kerbelschmand überhaupt ist, ignoriert der Chefkoch, indem er erst mal einen Wein anbietet: „Zu einem Burgunderbraten darf es ruhig mal ein Rheinhesse sein." Wie auch immer, ich nehme mit dem Weißwein vorlieb und überlasse den Schmand erst einmal sich selbst. Der Wein tut sein Bestes und macht Bioleks Geschwätz erträglicher, mich aber leider auch zunehmend aggressiver. Ich stelle mich in den Hintergrund und sehe dem Treiben auf den Kochplatten zu.

Wie zufällig fällt Biolek ein, dass wir an den Spargelsalat Apfelsinenschnitze geben können, natürlich nur damit er wieder seinen Zestenreißer aus der Schublade holen kann, den er mal auf einer Reise nach Spanien aufgetrieben hat und der die Apfelsinen leicht und schön entschält. „Apfelsinen sind doch scheiße", sage ich und schenke mir vom Rheinhessen nach. Der Koch lässt sich nicht ablenken und reißt die Südfrüchte. „Als ich vor Jahren in Spanien war, hat mir nämlich ein sehr guter alter spanischer Busenfreund diesen Zestenreißer...", erhebt Biolek die Stimme, um im Folgenden zu rätseln, ob dieser Busenfreund aus Plaja del Sumbra oder aus La Coruna stammte. Ich beschäftige mich nun doch ein wenig mit dem Kerbelschmand, rühre gelangweilt im Topf und nippe am Wein, nicht ohne Biolek mitzuteilen, dass mir seine südeuropäischen Eskapaden ebenso egal sind wie Zestenreißer aus Santa Fé oder Kalla die Kacke Arschloch Arriba.

Biolek meistert die Situation gekonnt, indem er mich - während er den Burgunderbraten anschneidet - fragt, wie weit ich mit dem Kerbelschmand sei. Ich sage ihm, dass er den Kerbelschmand gleich am Arsch hängen hat, wenn er noch einmal sein Maul aufmacht. Für den Rest der Sendung schweigen wir. Ich schenke mir den Rest vom Rheinhessen ein, während Biolek sein Knödelbratengedöns zu ansehnlichen Portionen auf zwei Tellern verteilt. Die Erbsensuppe schmeckt beschissen. Da hätte auch kein Kerbelschmand geholfen.

DSF, Mittwoch 0.15, Sexy Sport Clips:
Die Freude an der Leibesertüchtigung (S. Berendes)

Nachdem Kollege Grundorf beim arrivierten Sportfernsehen nichts als verbrannte Erde und zerspante Torwände zurückgelassen hat, muss ich mich glücklich schätzen, vom DSF immerhin noch zur Aufnahme der nächsten Folge der Sexy Sport Clips eingeladen zu werden. Der Aufnahmeleiter erklärt mir augenzwinkernd, dass bei diesem Format die Freude an der körperlichen Bewegung und die Ästhetik des menschlichen Körpers im Vordergrund stehen.

Konkret sieht das dann so aus, dass sich in der Mitte eines Eishockeyfeldes irgendeine Janine oder Mandy ihrer ohnehin nicht sehr reichlichen Garderobe entledigt, während ich auf Schlittschuhen immer in der Runde drumherum fahren muss, wahrscheinlich um den im Wappen geführten Sport angemessen zu repräsentieren. Aber wenn Grundorf sich anderswo wie die wilde Sau aufführt, muss man eben nehmen, was übrigbleibt.

„Wenigstens nichts mit Schwimmen", denke ich mir noch und gleite los. Drei Runden lang geht alles gut, dann nehme ich die Kurve zu scharf, sodass sich Mandys oder Janines lasziv hingeworfener Seidenstrumpf um meine linke Kufe wickelt, und ich aufgrund meines ungünstig gelagerten Körperschwerpunktes wild mit den Armen rudernd in die Zuschauertribüne rausche, wo mein geschundener Leib dann regungslos liegen bleibt. Nach dem Erwachen aus der Ohnmacht werfe ich von meinem Krankenlager aus mit großem Interesse einen Blick auf den Rohschnitt der Episode und stelle erleichtert fest, dass die Darbietung – mittlerweile unterlegt mit einem beschwingten Gassenhauer der 80er-Jahre Glamrocker

Twisted Sister – in der Tat über eine gewisse visuelle Poesie verfügt.

Beim überwiegend einhändig agierenden Stammpublikum der Sexy Sport Clips fällt mein Auftritt indessen schlichtweg durch, sodass Folge Nr. 134 bis auf Weiteres ins MAZ-Archiv wandert, und das DSF stattdessen eine Aufzeichnung vom Pokalfinale 1975, 1. FC Köln gegen Borussia Mönchengladbach, sendet, bei dem sich Günter Netzer seinerzeit selbst eingewechselt und dann das entscheidende Tor geschossen hat.

SAT. 1, Donnerstag 15:00, Richterin Barbara Salesch: Was geschah wirklich am 11. September? (D. Grundorf)

Ich darf mitspielen im Gerichtssaal. Geplant war ein Einsatz als Zeuge in einem Diebstahlprozess, aus aktuellem Anlass nehme aber ich auf der Anklagebank Platz. Mein Gegenüber klagt auf Körperverletzung, Verdienstausfall und Beschädigung einer Torwand: Poschmann fordert Gerechtigkeit. Die Staatsanwaltschaft fordert 3000 Euro Strafe und den Ersatz der Torwand.

Der Zeuge der Anklage sticht aber nicht. Günter Netzer kann sich nur noch schemenhaft an den Abend erinnern, ist sich aber sicher, dass er erzählt hat, wie er sich einmal im Pokalfinale 1975 selbst eingewechselt und das entscheidende Tor gemacht hat. „Der Pass kam von Overath?", hakt Barbara Salesch nach. „Ich glaube von Bonhof", antwortet Netzer. Ich verteidige mich selbst. Die Fakten sprechen gegen mich. Es soll sogar einen Videobeweis geben. Auch meine Ablenkungsstrategie, Poschmann mit den Terroranschlägen vom 11. September in Verbindung zu bringen, geht fehl. Barbara Salesch hat kein Einsehen: 5000 Euro Strafe. Noch kein Grund zur

Panik, immerhin sind alle großen Zeitschriften schon mal auf Schadenersatz verklagt worden...

**ZDF, Donnerstag, 23.00 Uhr, J. B. Kerner:
Stolz & Vorurteil (S. Berendes)**

Grundorfs Niederlage vor Gericht stürzt die Redaktion in eine Krise, denn unsere Rechtsabteilung bei der Sozietät Möller, Geerds & Rehse rät dringend von einer Berufungsverhandlung ab. Auch mein Versuch, die fälligen 5000 Euro nächtens beim NeunLive-Buchstabenrätsel einzuspielen, bleibt erfolglos: Ich erwische einfach nicht die richtige Telefonleitung, auch wenn ich das Lösungswort „grmblpfrzt" sofort erkannt habe. Missmutig begebe ich mich also zu meinem letzten TV-Termin.

Da der Name *Kommunikaze* mittlerweile bei den Sendeanstalten für heftige Abstoßungsreaktionen sorgt, muss ich meinen Stolz herunterschlucken und mich Johannes Baptist Kerner an die Seite setzen. Die anderen Gäste sind Reinhold Beckmann (der mal wieder versichern will, dass es überhaupt keinen Grund gibt, anzunehmen, Kerner und er seien Konkurrenten oder gar ein und dieselbe Person) sowie – zu meinem Entsetzen – Kalle Pohl, der eine Tournee mit seinem unsäglichen Minimalkonsenshumor bewerben will.

Um dem entschieden gegenüberzutreten, spreche ich sehr geistreich über den Zusammenhang zwischen Baudelaires Flaneur der Menge und der Dialektik der Aufklärung. Leider versaut Kalle Pohl die Pointe, und sabbelt einen Witz dazwischen, in dem er zum 900. Mal Maik Krügers Nase mit der Größe seines Geschlechtsteils in Verbindung bringt. Alle lachen. Um einen Rest Würde zu retten, zische ich dem besonders laut prustenden Kerner zu, dass ich übrigens auch sehr viel besser drauf sei, seitdem mir meine Frau Geflügelwurst aufs Pausenbrot legt. Der Rest der Sendung verläuft dann eher unerfreulich.

Am nächsten Morgen dann ein Anruf von Christoph Schlingensief: Er hat meinen Auftritt verfolgt und fragt an, ob ich für sein nächstes „Projekt" zur Verfügung stehe – gegen Bezahlung, versteht sich. Grundorfs Schulden wollen getilgt sein, und so sage ich nach einer spontanen Redaktionskonferenz zu – unter der Bedingung, dass ich nicht als Hitler verkleidet mit einem riesigen Stofftier auf den Rücken geschnallt vor der deutschen Oper an einer Laterne hängen und vorbeikommende Passanten mit Katzenscheiße bewerfen muss.

Schlingensiefs Absage kommt am frühen Nachmittag.

RTL, Freitag, 20.15, Wer wird Millionär?
Im Notfall: Publikum fragen! (D. Grundorf)

Meine Recherchen hatten ergeben, dass wöchentlich mehrere Millionen Zuschauer der Quiz-Sendung mit Günther Jauch beiwohnen. An diesem Abend staunen 10,3 Millionen Zuschauer vor ihren Fernsehern, wie ich Goethes Briefwechsel mit Humboldt, Müller, Zelter und Eckermann in 4,3 Sekunden in die zeitlich richtige Reihenfolge bringe. Kein Unding, dennoch ist auch Günther Jauch beeindruckt. Ich nehme derweil auf einem der begehrtesten Stühle Deutschlands Platz.

Bevor wir starten, der übliche Small-Talk (Alter, Herkunft, Studium, *Kommunikaze*) und natürlich die Frage, was ich mit einer Million Euro machen würde.

Als erstes fallen mir da das BAföG-Amt Osnabrück und das Debitorenmanagement-Team der Sparkasse Herford ein, die sicherlich zuhause gebannt mitfiebern, aber das geht Günter Jauch nichts an.

Stattdessen spiele ich das Jauch-Geklimper mit (Haus bauen, einen Teil spenden, Forschungsreise nach Samoa, Torwand etc.). Guter Dinge und mit großem Selbstvertrauen starte ich also in die Quiz-Runde. Günter Jauch stellt Die 50-Euro-Frage: „Aus welcher Pflanzengattung wird Kerbelschmand gewonnen?" Er hat noch nicht ausgesprochen, da umklammere ich schon seinen Kopf und drücke sein Gesicht kräftig in das Display seines Computers. „Wollen wir die Zuschauer fragen?", nuschelt Jauch.
„Nein Günter, das wollen wir nicht."

Keine Milch für niemand!

Finn Kirchner

Ich saß am Frühstückstisch und las die Nachrichten, als die Welt noch stimmte. Irgendwas im Irak, Putin, Chavez, Spears; die Morgensonne ließ meinen O-Saft blühen. Das Lächeln meines Mundes hatte eine Breite, als wolle es von Kobe bis Grosny reichen. Da las ich die vier Worte. Sie trafen mich wie die vier Flugzeuge des elften Septembers: Die Milch ist teurer. Mein Gesicht fror zur Salzsäule, das halb zerkaute Käsebrötchen floss aus dem Mund wie heiße Lava. Der Rest des bisherigen Frühstücks folgte und ergoss sich über mein T-Shirt mit dem Aufdruck „Pompeji".

Die Milch ist teurer! Sofort war mir klar, was das bedeutete, denn ich wusste, wo überall Milch drin ist: Butter, Joghurt, Frischkäse, beim Reis war ich mir unsicher. Aber auch ohne den Reis fühlte ich mich wie ein Deutscher am D-Day. Die Milch! Wie sollte das gehen? Sollten die tapferen Arbeiter ihr Kakaopulver jetzt etwa in Bier schütten, wie sie es mit dem Doppelkorn taten? Müssten die hilflosen Säuglinge in Zeiten, in denen das mütterliche Stillen den Seltenheitswert der unbefleckten Empfängnis bekommen hatte, ohne ihr Methadon Kuhmilch verhungern? Würde im heiligen Land nur noch Honig fließen können? Oh du Ausgeburt der Hölle, sollte das ganze Volk verdursten? Ich musste handeln. Chomeini hatte sich auch nicht ficken lassen.

In Boxershorts und mit vollgekotztem T-Shirt rannte ich zum Ministerium für Ernährung, Landwirtschaft und Verbraucherschutz. Dort war von Siebzehntem Juni jedoch wenig zu spüren, lediglich die Gruppe „Hartz IV, nicht mit mir" stand müde vor den geschlossenen Toren der Trutzburg. Meine Versuche, Passanten zu spontanen Brandschatzungen zu bewegen, liefen ins Leere. Der Staat schien die Menschen eingelullt zu haben, sodass sie es klaglos zuließen, wenn sich die feisten Kühe unser Geld in die Taschen stopften, wenn sie mit noch pralleren Eutern noch fetter wurden. Also hielt ich selbst das Streichholz an die Glasfront. Spürst du den Volkszorn, Bastille?! Es erlosch wie eine Kerze im Wind. Doch mein Wille wurde nur stärker, ich griff zu härteren Mitteln. Nach zwei Stunden Hungerstreik konnte ich eine Mitarbeiterin des Ministeriums abfangen. Ich tat meinen Unmut kund, erklärte ihr, dass mein Hungern aufgrund des ausgekotzten Frühstücks besonders druckvoll sei. Dem kleinen Mann die Milch zu verteuern sei die Christenverfolgung der Postmoderne, die Apartheid des 3. Jahrtausends, die Inquisition im Kühlregal. „Na, dann sparen sie mit ihrem Hungern ja mächtig Knete", sagte sie mit aller Arroganz der Macht und offenbarte die hässliche Fratze des Großkapitals.

Ich fühlte mich gedemütigt und verletzt, wie ein Türke vor Wien, wie ein Türke auf Zypern, wie ein Türke in Brandenburg. Die Schlacht war verloren, aber der Krieg tobte. Hungerstreik war das falsche Mittel, eine Revolution musste her. Eine Revolution, die ihrem Namen noch gerecht wurde. Einst waren noch Herrscher gelyncht und Hälse durchtrennt worden, heute sprach man an allen Ecken und Enden von Revolutionen. Begonnen hatte die ganze Verweichlichung des Widerstandes mit Gandhi und enden würde sie heute und hier. Es ging nicht um irgendwas, es ging um Milchpreise. Ich musste das System dort treffen, wo es ihm wehtat, in Herz und Hirn zugleich. Ich musste es zermürben wie

die IRA die Briten, musste es durch gezielte Nadelstiche
bewegungsunfähig machen, nicht wie Stauffenberg im
Kampf gegen Hitler, eher wie die USA in der Schlacht um
Hiroshima. Brenne, Troja der Euterwirtschaft! Während
ich die Freimilchrepublik ausrief, übergoss ich mich mit
Benzin und entzündete mich selbst. Ich gehe davon aus,
dass die Welt danach nicht mehr dieselbe war.

Die Frau mit den komischen Träumen

Anna Groß

Ich sitze im Auto. Carsten fährt. Daniela sitzt auf dem Beifahrersitz und dreht an den Radioknöpfen. Wir trinken Bier aus großen Dosen und fahren durch einen Wald. Zwischen den Bäumen scheint die Sonne durch.

Ich halte Ausschau nach einer geeigneten Stelle, um ein Picknick zu machen.
Plötzlich kommt ein bestimmtes Lied im Radio. Daniela dreht die Lautstärke hoch und singt mit. Carsten dreht es leiser und schnauzt sie an, sie wüsste, er könne das nicht haben.
Um die Stimmung etwas aufzulockern, erzähle ich ihnen, dass ich im nächsten Jahr mit der Schule nach Wien fahre. Carsten fragt, wie ich dort hin kommen will. Ich antworte, ich fahre einfach die Roopstraße runter und schon bin ich mitten in Österreich. Dabei habe ich die Landkarte genau vor Augen.

Endlich finden wir eine geeignete Stelle auf einer großen Wiese. Wir haben nur eine Decke und Bier dabei. Wir legen uns auf die Decke und genießen die Natur.

Daniela sagt zu Carsten: Ich möchte mit dir Volvo, Audi oder Lancia fahren, einen Hund und ein Haus und Kinder haben. Sie sagt, nimm mich ernst, ich bin nicht betrunken. Er sagt: Setz mich nicht unter Druck.

Ich bemerke kleine schwarze Käfer auf den gelben Blumen. Als Daniela aufsteht um im Wald Pinkeln zu gehen, sehe ich, wie Carsten die Augen verdreht.

Ich stehe auf und trete ihm in die Rippen. Ich trete ihn weiter. Andere Stellen bieten weniger Widerstand. Er krümmt sich. Ich trete ihn solange, bis er sich nicht mehr bewegt und Blut sein Gesicht bedeckt. Als Daniela wiederkommt, rollen wir ihn in die Decke ein und graben ein tiefes Loch mitten in der Blumenwiese. Als es dunkel wird, werfen wir ihn hinein und schütten das Loch zu. Erst als wir beim Auto sind, sagt Daniela: Ich kann wohl schon wieder fahren, wir haben uns ja viel bewegt.

Wir hören laut Radio.

Die hungrigen Wanderer

Olker Maria Varnke

Kurt und Jochen sind Wanderer und wollen heute wieder ihrer Tätigkeit nachgehen. Es ist ein sonniger Tag. Beide freuen sich. Kurt und Jochen halten sich für Profis. Daher packen sie Eispickel, Steigeisen und Klettersteigset mit Handballenkarabinern in ihre Gore-Tex-Rucksäcke. Weil die Tour nur wenige Stunden dauern soll, nehmen die Freunde keinen Proviant mit. Schon früh ruft der Berg, und die beiden lassen sich nicht lange bitten. Nach mehreren Kilometern Marsch und etwa 1.000 erklommenen Höhenmetern verschlechtert sich das Wetter. Jochen hat etwas Angst, Kurt fühlt sich männlich. Plötzlich schlägt unmittelbar hinter ihnen ein Blitz ein. Der Fels, auf dem die Wanderer stehen, rutscht ins Tal hinunter. Jochen klammert sich an seinem Kameraden fest. Wie einen Schlitten lenkt Kurt den großen Stein unter sich, und die beiden sausen über einen Felsvorsprung, fliegen ein paar Meter durch die Luft und landen im Tal.

Da sie dicke und weiche Wandererhosen tragen, haben sie sich bei dem Ritt nicht verletzt. Als die Freunde sich umblicken, merken sie, dass es unmöglich ist, von hier aus den Berg zu besteigen. An beiden Seiten ragt der Fels zu steil in die Höhe. Jochen ist etwas geknickt, Kurt fühlt sich abenteuerlustig und schlägt vor, das Tal nach einer Siedlung abzusuchen. Bis zum Abend finden sie keine Menschenseele. Jochen ist den Tränen nahe. Kurt freut sich auf ein Biwak in sternklarer Nacht. Beide haben Hunger, aber nichts zu essen. Am nächsten Morgen knurrt den Freunden der Magen, und sie beschließen, schnell aufzubrechen. Doch auch an diesem Tag und in der folgenden Woche finden die Wanderer keine Siedlung und keine Nahrung. Nur hin und wieder treffen sie auf einen Gebirgsbach, der ihnen frisches Wasser bietet. Eine Aufstiegsmöglichkeit können die Freunde im steilen, zum Teil überhängenden Fels nicht ausmachen.

Am Ende der Woche hat Jochen mit dem Weinen aufgehört. Er knabbert an seinen Fingernägeln, beißt sich Haut ab und blickt merkwürdig drein. Kurt fühlt sich schwach und ist sehr hungrig. Er treibt sich und seinen Kameraden zum Weitergehen an. Hin und wieder kauen beide etwas Moos oder Farne, die im Unterholz wachsen.

In den nächsten Tagen legen die Freunde nur noch kurze Strecken zurück. Einmal ruhen sie sich mehrere Stunden am Stück aus. Jochen kichert. Kurt fällt es schwer, die Augen geöffnet zu halten. Plötzlich entdeckt er verschwommen in der Ferne ein krüppliges Gewächs: Einen Apfelbaum. Kurt reißt seinen Freund in die Höhe und zerrt ihn hinter sich her. Am höchsten Zweig des Baumes hängt ein einziger Apfel. Die Freunde können ihn nicht erreichen. Jochen verfällt in ein wahnsinniges Gelächter. Kurt schüttelt das Gewächs, doch der Apfel fällt nicht ab. Nach wenigen Versuchen gibt er auf und schläft wie sein Freund ein.

Am nächsten Morgen erwachen beide und Kurt fällt ein, dass er einen Kompass im Rucksack hat. Er wirft ihn nach dem Apfel und trifft. Das Obst fällt auf die Straße und wird von einem LKW überrollt. Von der Nahrung bleibt nichts übrig. Da die Wanderer es wegen der Ethik ablehnen, sich gegenseitig zu essen, sterben sie am kommenden Tage.

Rooftop Club
Jan Paulin

Sie saßen auf der Burgmauer und ließen ihre Beine baumeln. Unter ihnen lag ihre kleine Stadt in der Abenddämmerung. Es schien, als ob sich die Dunkelheit hier oben schneller über die beiden gesenkt hätte und noch nicht bei den Häusern unten im Tal angelangt war. Schweigend zogen sie an ihren Zigaretten, während die Nacht über sie hinabfloss.

Tatsächlich streichelte sie erst Momente später mit langen Händen über die Straßen und Dächer der Stadt, bevor sie lautlos und endgültig hereinbrach. Bald hatte sie alle Fenster mit ihrem Körper geflutet. Es gingen die ersten Lichter an, um sie aus den Wohnzimmern wieder hinauszuspülen. Die Freunde jedoch waren froh, an ihrem gemeinsamen Platz ganz und gar von ihr umschlossen zu sein. Besonders einer der beiden, denn er stand unter Tränen.

Es war der schützende Mantel der Nacht, der ihn das aussprechen ließ, wofür er sonst lange Zeit gebraucht hätte, um es zu formulieren: „Seit ich wieder hier bin, kann ich an nichts mehr glauben. Es ist, als sei alles, was ich früher getan und gedacht habe, wertlos und unnütz. Ich habe meine Wahrheit verloren und weiß nicht, ob es sie überhaupt jemals gegeben hat." Er blickte geradeaus, dorthin, wo bei Tageslicht der Horizont zu sehen war. Durch seine traurigen Augen sah es so aus, als wären der Himmel mit all seinen Sternen und die Stadt mit ihren ebenso vielen kleinen Lichtpunkten eins geworden. Er wischte sich über die Augen, doch der Eindruck blieb.

„Du kommst von einer langen Reise. Sie hat dich verändert, und jetzt hast du Angst", sagte der andere und blickte auf seinen Freund. „Aber mit dem Reisen ist es wie mit allem, was du tust. Es ist, als würdest du bereits ein Leben lang einen Stein besitzen. Irgendwann hast du in deine Tasche gegriffen und ihn bemerkt. Du weißt nicht, wo du ihn herhast, er war einfach schon immer dort. Zuerst hast du ihn nur befühlt. Bist über jede Rundung gefahren, bis du seine Form fast auswendig kanntest. Irgendwann hast du ihn herausgenommen und ihn dir angeschaut. Du hast darüber nachgedacht, wie sich der Stein in bestimmten Situationen wohl verhalten würde. Zum Beispiel, wenn du ihn übers Wasser gleiten lässt. Oder gegen eine Mauer wirfst. Wie er in der Luft liegen würde, und wie es wäre, ihn über andere Steine klackern zu lassen." Er schaute wieder zu seinem Freund, der immer noch den schwarzen Himmel vor ihren Augen beobachtete und sich leicht zurücklehnte, um an die Zigarettenschachtel in seiner Jackentasche zu kommen.

„Ja, aber was hat das alles mit dem Reisen zu tun?" Auch er wendete nun seinen Kopf, und zum ersten Mal an diesem Abend trafen sich ihre Blicke. „Nichts! Alles, was ich bisher erzählt habe, ist dort unten passiert", der andere deutete in die Stadt hinunter. „Ich war dabei. Auch ich habe meinen Stein dort zum ersten Mal erprobt. Zusammen haben wir unsere Steine von einer Hand in die andere oder auch einmal in Pfützen geschmissen. Sogar anderen Menschen haben wir sie zugeworfen. Manchmal kamen sie zurück. Manchmal mussten wir sie uns wiederholen." Auch er zündete sich jetzt eine weitere Zigarette an und blies den Rauch in die Luft.

Gemeinsam schauten sie über ihre Füße hinab ins Tal. „Die Stadt sieht bei Nacht genauso aus wie der Himmel", erwiderte der Gereiste. „Ich weiß, was Du meinst, aber es ist, als wäre ich nie mit dir dort gewesen." „Das ist die Schramme", erwiderte der andere. Überrascht blickte sein Freund wieder zu ihm. „Ja, denn es kam der Moment, da wolltest du es richtig wissen. Es musste getan werden. Du standest da, hast deinen Stein fest umschlossen und hast ihn schließlich hoch in die Luft über dein Haus geschleudert. Und dann bist du losgerannt, immer hinter deinem Stein her, und hast ihn beobachtet. Wie schön er sich in der Höhe drehte und wie gut er in der Luft lag. Ein regelrechter Flugstein. Dieser Stein ist zum Fliegen gemacht, dachtest du.

Als du ihn vom Boden aufgehoben hast, hatte er allerdings eine kleine Schramme." Der Freund schaute ihn immer noch an. „Und während du jetzt wieder im Haus bist und in der Küche sitzt, reibst du die ganze Zeit über die Schramme. Der Stein ist nicht mehr so glatt wie vorher. Nicht schöner, aber auch nicht hässlicher. Es ist derselbe Stein wie zuvor, bloß mit einer Schramme. Und als du da in der Küche sitzt, hältst du auf einmal mehr als nur einen Stein in Händen. Irgendwie komisch, dass du ihn erst losschleudern musstest, um das zu wissen. Jedenfalls hast du gelernt, dass der Stein auch in den Dreck fallen kann. Mann muss ihn aufheben, den Staub abwischen und die Splitter, die er beim Aufprall erlitten hat, verschmerzen. Denn ihn auf ein Kissen in den Schrank zu legen, wäre langweilig, nicht wahr? Du weißt es, und dafür schätze ich dich sehr".

Die Tränen des Freundes waren getrocknet und in seinem Gesicht zeichnete sich ein leichtes Lächeln ab, als er zum letzten Mal hinabblickte. In dem Meer aus Laternensternen fand er den, der sein Haus erhellte, und fühlte sich besser. „An welche Wahrheit glaubst

Du nun?“, fragte er. Und nachdem sie noch eine Weile in dieser Nacht gesessen hatten, antwortete sein Freund: „Heute glaube ich an deine.“

Rindfleisch mit Anderen haben

Kalle Kalbhenn

Einmal hat der Junge sich überlegt, berühmt zu werden. Nicht so berühmt wie Oliver Geißen. Auch nicht so berühmt wie Roberto Blanco. Er hatte überlegt, so berühmt zu werden wie Franz Beckenbauer oder 50 Cent. Auf MTV hatte er gesehen, dass 50 Cent sehr berühmt ist und ganz viel Geld hat. Auf MTV haben sie gesagt, 50 Cent verdient so viel Geld, dass er täglich 100.000 Big Macs kaufen kann. Außerdem hat 50 Cent ein großes Motorboot, auf dem sehr viele Frauen mit sehr wenig Kleidung wohnen.

Der Junge beschloss, so berühmt zu werden wie 50 Cent. Auf MTV haben sie dem Jungen gesagt, wie berühmt und reich 50 Cent ist. Leider hat MTV nicht erklärt, wie man so berühmt und reich wird. Darum ging der Junge zu seinem Nachbarn. Er wusste um dessen Kompetenz. Der Nachbar hatte einmal beim Musikfernsehen gearbeitet. Er hieß MC Rene. Seine Stimme war komisch, aber er konnte dem Jungen vieles über Hip-Hop erzählen. Wer mit Hip-Hop berühmt werden will, muss über seine Zeit im Gefängnis rappen. Und über Frauen, die auf großen Booten wohnen und wenig Kleidung tragen. Aber am wichtigsten ist es, beef mit anderen Rappern zu haben. Der Nachbar erklärte dem Jungen noch viel mehr. Der Junge war sehr glücklich, als er sich von MC Rene verabschiedete. Er war aber auch sehr verwirrt. So viele Informationen musste er verarbeiten. Jetzt wusste er, wie er so berühmt wie 50 Cent wird: Er musste mit einem anderen Rapper beef haben. Leider wusste der Junge nicht, was beef bedeutet. Er beschloss, am nächsten Tag zur Schule zu gehen und seinen Lehrer zu fragen. Aber zuerst musste er schlafen. Er hatte so viel erlebt. Der Junge war müde und erschöpft.

Am nächsten Tag ging der Junge zur Schule. Der Lehrer war nicht erfreut, ihn zu sehen. Der Junge fragte, was beef bedeutet. Rindfleisch, sagte der Lehrer und wollte wissen, warum der Junge seit vier Wochen nicht mehr zur Schule kam. Weil er jetzt berühmt wird. So berühmt wie 50 Cent – er kann dann täglich 100.000 Big Macs kaufen.

Als der Junge wieder nach Hause ging, war er nicht schlauer. Er wusste nicht, wie man Rindfleisch mit jemandem haben kann. MC Rene hatte erzählt, dass Kool Savas mit Eko Fresh Rindfleisch hat, die G-Unit mit der Terror Squad und die Eastcoast mit der Westcoast. Er selber hatte Rindfleisch mit VIVA.

Schon im Hausflur roch er, dass seine Mutter gekocht hatte. Auf seinem Teller lag ein großes, saftiges Nackensteak. Glücklich setzte sich der Junge zu seiner Mutter an den Tisch.

Jetzt werde ich berühmt, dachte der Junge.

Es hackt

Esther Ademmer

Als sie durch die Tür tritt, riecht sie es. Aus allen Poren dieses Hauses strömt der Geruch. Allgegenwärtig, in ihrem Zimmer, ein ständiger Begleiter im Keller, auf dem Dach überall. Sie verzieht sich in ihr Zimmer. Sie weiß, was passiert. Sie hat Angst. Tief in ihrem Inneren steigt es auf. Sie hasst sich selbst. Sie ekelt sich, sie verabscheut diesen Tag.

Die Tür ihres Zimmers hat sie geschlossen und unten vor die Ritze Handtücher gestopft. Jede noch so kleine Öffnung ihres Zimmers muss verschlossen sein. Er darf nicht eindringen, dieser Feind, er darf sie nicht haben. Es ist ein Kampf, den sie da kämpft, ein Kampf gegen diese Dämpfe, ein Kampf gegen diese Gedankenlosen, Hirnverbrannten und vor allem: ein Kampf gegen sich selbst.

Dieses Haus ist ein Gräuel. Sie sieht es vor sich, dieses fettige alte Gesicht, dessen Gene ihren Körper vergiften. Wie er da sitzt und nicht spricht, wie er sich neue Foltermethoden ausdenkt, wie er sie beobachtet, wenn sie sich durch dieses verseuchte Haus bewegt und versucht, gegen ihn anzukämpfen. Dieses innerliche Lachen, diese Genugtuung, die sich in seinem Gesicht ausbreitet, wenn er wieder sieht, dass sie ihre Tür verriegelt, dass sie Angst hat. Sie hasst ihn für dieses hämische Grinsen, wenn sie einen Moment der Schwäche zeigt. Einmal kurz die Augen schließt und atmet. Krieg herrscht in diesem Haus, seitdem sie 14 ist, seitdem sie erkannt hat, dass auf ihrem Teller Leichen liegen, seitdem sie erkannt hat, dass er das seit langem weiß.

Die erste Schlacht gewann er nicht. Sie erinnert sich. Ihr Vater am Tisch und vor ihm eine Hähnchenkeule. Sie hört die Todesschreie des Vogels und sieht wie er genüsslich den Mund öffnet, er verschlingt ihn und er lächelt dabei. Er kaut ein paar Mal, zerquetscht zuerst die Membran des Tieres und lässt die Körpersäfte in seinen Mund strömen. Dann kaut er weiter, trennt langsam die Fasern des Fleisches voneinander und lässt von dem stolzen Hahn nichts als einen Haufen beige-weißen Knorpel in seinem Magen zurück. Sie könnte kotzen. Sie tut es auch. Mitten auf den Tisch. Aber ihr Vater grinst nur. „Du willst es doch auch", sagen seine Augen. „Schau und sieh dir diesen Genuss an, den du nicht haben kannst." Es herrscht Krieg. Seit diesem Tag kämpfen sie mit allen Mitteln gegeneinander.

Und jetzt liegt sie in ihrem Zimmer. Sie wagt nicht zu atmen, sie wagt nicht zu sprechen. Regungslos liegt sie auf ihrem Bett und wartet. Sie wartet auf den nächsten Tag, den nächsten Morgen, sie versucht sich abzulenken, denkt an Tofu-Würstchen und an Magerquark. Der Geruch muss verfliegen, sie muss ihn wegdenken. Sie schließt die Augen und hofft, dass sie einschläft, diesen Geruch nach frischem Hackfleisch in ihre Träume trägt. Sie seufzt. Es kitzelt in ihrer Nase. Dieser leicht herbe, vollmundige Geruch liegt wie Blei auf ihrem Körper. Sie kann sich nicht wehren. Er dringt durch die Türritze, durch das Handtuch, durch ihre Haut bis in ihre Kehle. Sie schmeckt das würzige, milde Hackfleisch und fühlt die körnige Masse auf ihrer Zunge. „Tote Tiere kannst du nicht essen!", schreit ihr Gehirn. Vor ihrem Auge liegt eine Brötchenhälfte. In Zeitlupe fällt ein Salatblatt darauf, vorsichtig schwebt ein perfekt rundes Hackstück darüber, und die zweite Brötchenhälfte senkt sich behutsam auf das gebratene Fleisch. Groß und saftig sieht sie den Burger vor sich, riecht das brutzelnde Fett in der Pfanne, hört das Zischen des Hacks, wenn es im Öl versinkt. Sie schmeckt Bolognesesauce auf der Zunge. Ihr Kopf ruft: „Kühe sind heilig", sie schmachtet nach Lasagne, frischem Käse auf glänzend schimmerndem Hack, kross und braun gebraten. „Du Mörder, du Bestie!", hallt es hohl hinter ihrer Stirn. Wasser sammelt sich in ihrem Mund, es schmeckt nach frischer Frikadelle, würzig vermischt sich die leichtherbe, zarte Masse mit dem wässrigen Speichel, sie hält es nicht mehr aus. Ihr Gehirn schweigt. Aus ihren Mundwinkeln läuft es.

Sie steht auf und wühlt die Handtücher vor ihrer Tür weg. Sie drückt die Klinke herunter, und eine Flut Hackgeruch schwappt in ihre Nase, durch den Kopf und begräbt alle aufrechten Zweifel des Gehirns unter sich. Sie folgt dem Geruch. Wie in Trance steigt sie die Treppe herunter, willenlos geführt von den Dämpfen ihrer einzigen Sucht. Die Küchentür steht sperrangelweit offen. Er sitzt in ihrem Weg und lächelt. Sie sieht ihn nicht. Sie sieht nur den Herd, die heiße Pfanne, die ihre Quelle ist, die sie erreichen muss. Sie rempelt ihn um, wendet die Augen nicht ab von ihrem Ziel. Sie erblickt das kross gebratene Hackfleisch. In unzählbar viele kleine Würstchen zusammengerollt liegt es heiß und dunkelbraun in der Pfanne. Sie greift sich einen großen Löffel, und belädt ihn mit Gehacktem. Sie schließt die Augen und wartet auf den Höhepunkt des Genusses. Und dann. Ein lauter Knall. Der Löffel fliegt zu Boden, die Pfanne schwebt in der Luft und verschwindet blitzartig aus ihrem Sichtfeld. Sie dreht sich um und prallt gegen einen massigen Körper. Er hält in der linken Hand die Pfanne und in der rechten eine mit Hackfleisch beladene Suppenkelle. „Eins zu null", grinst er, schüttet die Kelle über seinem Mund aus und reicht ihr eine Dose Magerquark.

Ein Sommertag
oder: Wenn Biber Flügel hätten

Michael Weiner

Wenn Biber Flügel hätten, wäre das ganz furchtbar für die Menschheit, denn dann könnten sie fliegen. Man stelle sich nur mal vor, welch grausamen Scherz sich die Schöpfung erlaubt hätte, hätte sie Europas größte Nagetiere mit den anatomischen Voraussetzungen für diese Art der Fortbewegung ausgestattet. Nicht Ratten, nicht Tauben oder Krähen, Kakerlaken oder Kaninchen, nein, Biber hätten in den Top Ten der Kulturfolger der Menschheit die Spitzenposition inne. Mit ihren scharfen Beißwerkzeugen würden sie an Bauten und lieb gewonnenem Technikgut ihre Spuren hinterlassen, Marderschäden wären den Autobesitzern noch ganz lieb gegen das, was ein Biber aus ihrem Fortbewegungsmittel machen würde. Die Unesco könnte ihre Liste des Weltkulturerbes einer Papierverwertungsanlage zuführen, da nach und nach immer mehr kulturhistorisch wertvolle Denkmäler wegen irreparablen Biber-Verbisses mit einem hässlichen Knirschen unter den Mahlzangen der Abrissbagger ein unschönes Ende fänden. Ebenso die Naturräume, die von den riesigen Biberherden erst vollständig entwaldet und dann nach der Errichtung der Biberdämme in den Mittel- und Unterläufen der Flüsse weitestgehend überflutet werden würden. Haustiere hätten ein hartes Leben, denn Biber werfen im Flug gerne grob genagte Holzklötzchen auf Hunde und Katzen, um diese zu ärgern, was Muschi und Waldi nur mit Glück überleben.

Dies und noch mancherlei mehr ging mir durch den Kopf als ich verzweifelt und doch aussichtslos überlegte, wie ich meinen Vermietern die recht eindeutige Szenerie erklären sollte, die sich an diesem Sommertag zwischen meinem Küchenfenster im zweiten Stock und dem darunter befindlichen Garten in erbarmungsloser Härte ausbreitete: oben mein halb geöffnetes Fenster, unten die Freude im Leben meiner Vermieter, dieser guten Menschen, die mir nun schon seit zwei Jahren Zucker und Salz borgten und mir meine Zeitung vor die Wohnungstür legten, ja, dort lagen Arko, der Cocker, eben jener Vermieter und mein Messerblock vereint in tödlicher Umarmung, umrahmt von etwas Blut und Knochendreck und Sabber.

Es war aber auch wirklich unglücklich, dass der Messerblock, den ich zwecks Offenhaltung meines Fensters auf die Fensterbank gestellt hatte, dem Druck des Rahmens nicht mehr standhielt und, sich mit einem kurzen Nicken verabschiedend, taumelnd in die Tiefe stürzte. Mein Glück perfektionierend, ließ die Vorsehung in eben diesem Moment den treuen Hund unter meinem Fenster verweilen. Doch was nun? Die Bibergeschichte zog bestimmt nicht und mit der spurlosen Beseitigung langsam erstarrender Hundekörper hatte ich auch nicht die geringste Erfahrung. Eigentlich blieb nur noch Flucht, doch bis meine Vermieter den Vorfall entdecken würden, blieben mir noch ca. drei Minuten, denn spätestens dann würde auffallen, dass Arko auf seiner Morgenrunde durch den Garten erhebliche Verspätung aufwies. Und in drei Minuten die gesamte Wohnungseinrichtung in meinen Polo zu räumen, dürfte nicht funktionieren, das war mir klar. Ich entschloss mich zu dem, was so Leute wie ich meistens tun: nix.

Ich verharrte atemlos unter meinem Fensterbrett. Dann hörte ich die Balkontür aufgehen, Schritte gingen die Treppe runter, es war wie Radio. Dann ein Aufseufzen und schlurfende, gramgebeugte Schritte. Oh Gott, dachte ich, du hast den alten Menschen die Freude ihres Lebens genommen, da hättest Du ja gleich das Haus anzünden können. Die schlurfenden Schritte näherten sich wieder, ich hörte, wie ein Besen über die Waschbetonplatten schabte. „Roswitha, halt mal den blauen Sack auf!" Kehrschaufelgeräusche und dann: „So, noch ein Eimer Wasser drüber und die Sauerei ist weg".

Meinen Messerblock habe ich nie wieder gesehen.

Der Alois

Finn Kirchner

Der Alois stand auf einem Vorsprung am Hang des Oberdachsenjochl und sah in die Landschaft. Mit seinen siebzehn Jahren war er noch kein Dichter, wie der Urgroßvater vom Mautzner Kaspar es gewesen war, aber er spürte etwas Starkes in sich. Er konnte es noch nicht genau in Worte fassen, er konnte es nur beziffern: Heimat! „Heimat ist kein Ort nicht", dachte er und fasste es damit doch ein wenig in Worte, „Heimat ist ein Gefühl." So hätte man ihn dort stehen sehen können, mit seinen knochigen Waden und seinem weißen Hemderl, das ein wenig aus der Hosn hing. Aber die Bergwelt ist einsam, und er stand dort ungesehen und fühlte Heimat. Er wusste, dass alle über dieses Gefühl redeten. Sein Vater, der ruhige Albrecht, sprach, wenn er denn einmal etwas sagte, stets über die Heimat. Und der immer gut gelaunte Mautzner Wastl auch, er hatte sogar einmal einen Rock and Roll drüber geschrieben, bei dessen Darbietung der Schotten-Guste verschwunden war, um erst Wochen später in Einzelteilen am Fuße einer Klippe entdeckt zu werden – wahrscheinlich erstickt.

Alois war gerührt. „So oft habe ich diese schöne Landschaft schon gesehen", kam es ihm sprachlich etwas steif in den Sinn, „und doch habe ich so etwas Schönes noch nie gesehn." Er sah die Kirche von Beurach, hinter der er mit vierzehn Lenzen der wild gelockten Johanna zu erklären versucht hatte, was er fühlte, aber sie war mit dem Priester Lampner zusammen gewesen. Und er sah den Klausnerhof, wo die Maria lebte. Doch die Maria busslte lieber mit dem Klausner Johann, ihrem

Bruder, statt mit dem Alois. Genau wie Alois' Schwester, das Lenerl. Der Klausner Johann war genauso alt wie er, aber viel beliebter. „Alt zu sein ist vielleicht weniger wichtig wie fesch zu sein", dachte Alois in sich hinein. Aber die Heimat, die war beides, alt und auch schon fesch. Fescher sogar als der Klausner Johann, denn die Heimat, die mochten alle. Den Klausner Johann mochten alle bis auf den Alois und die Kathl, die die Frau vom Schotten-Guste gewesen war. Die hatte zwar auch einmal eine Weile mit dem Klausner Johann geschnaxlt gehabt, aber dann hatte der Schotten-Guste die beiden unterm Maibaum stehen sehn und kurz danach war er tot gewesen. Wahrscheinlich erstickt. Danach mochte die Kathl den Klausner Johann nicht mehr. Somit war die Heimat erwiesenermaßen beliebter als der Klausner Johann.

Ein Bussard, ein Bock, ein Wolpertinger und eine Gerölllawine zogen zugleich vorbei. „Berge sind mehr als die Summe ihrer Steine", dachte sich Alois, „und die Heimat ist mehr als ein Gefühl. Sie ist eine Region sowohl in der Seele, als auch in Bayern." Er konnte bis zur Venneralm blicken. Hinter der Venneralm, sagte man, da lag die Kreisstadt. Dort sollte es ein einziger Radau sein. Der Bepp war nach der Schule dorthin gegangen, als ihm die Sennerei abgebrannt war. Einige Jahre später war er zurückgekommen und hatte von Wasserpumpen und Dampflokomotiven und Wireless LAN erzählt und damit die Frauen und die Rinder ganz narrisch gemacht. In der Nacht nahm er sich das Leben, indem er sich mit einem Kissen erstickte. In die Kreisstadt, das wusste Alois, wollte er niemals nicht hin.

Ein warmer Aufwind kam aus dem sonnigen Tal herauf und spülte Geräusche, Gerüche und den Bussard zu Alois hinauf. Der Bussard hatte ein Edelweiß im Schnabel und legte es vor Alois auf den warmen Stein. Vom Klausnerhof wehte der Geruch vom Misthaufen heran und das Gackern der Hühner, ab und zu unterbrochen von der Melodei einer Kranken beim Aderlass. „Die Heimat", dachte sich Alois, weil ihm nichts weiter einfiel, „die Heimat." Dann kam ihm Gott in den Sinn und er dachte: „Der liebe Herrgott hat die Heimat perfekt gemacht". Hatte er nicht ganz, denn es kam ein Luftloch vorbeigezogen und während es den Kopf vom Alois umschlang, konnte der nicht atmen. Zum Glück herrschte ein feiner Wind und das Loch wurde weitergeweht. Lediglich der Bussard kam ums Leben, weil er den Auftrieb verlor. Mit einem satten Schmatzen landete er auf der Veranda des Klausnerhofs und hinterließ einen wunderschönen Stern. Die Kinder eilten heran, um sich mit lautem Lachen darin zu suhlen und sich um die schmackhaftesten Brocken zu balgen.

Gott hatte es gut gemeint mit der Heimat.

Stadttheater Pirna

Darren Grundorf

Städtisches Theater Pirna, ein Donnerstagabend, gegeben wird „Der Lügner", ein einfaches Lustspiel in drei Akten, gerade recht für ein Theater in der Provinz, könnte man meinen - weit gefehlt. Henri, ein Freund, hat mich hierher gezogen, obgleich ich Theatervorstellungen eher fürchte, liegt im heutigen Theater doch nur mehr ein schmaler Grat zwischen der traditionellen Darstellung durch Sprache und Ausdruck und der völligen Verwüstung des Bühnenraums durch die Darsteller. Nackte Schauspieler, die unter wildem Getöse das Bühnenmobiliar begatten oder gleich die halbe Requisite in Schutt und Asche legen, gehören seit dem Ende des 20. Jahrhunderts zum guten Ton einer jeden anspruchsvollen Inszenierung. Bei dieser Vorstellung wird es mir selbst in Pirna mulmig, und auch auf meinem Platz im linken Oberrang fühle ich mich nicht sicher. Bin es doch wahrscheinlich wieder ich, der am Ende des dritten Akts vom darstellenden Ensemble nach vorne gezogen wird, um bis aufs Letzte entblößt in der großen Schlussszene auf die Bühne ejakulieren zu müssen. Henri weiß mich zu beruhigen: „Das ist hier Pirna und nicht Bochum, Berlin oder Hamburg." Und der erste Akt verläuft dann auch eher entspannt.

Der Protagonist Lelio lügt, dass sich die Balken biegen, gibt sich in Venedig als neapolitanischer Cavaliere aus und macht Signora Rosaura den Hof, dieweil im Hintergrund die lustigen Musikanten mit Harfe und Leier recht artig eine bunte Melodei bereiten. Die wunderschöne Rosaura zeigt sich zutiefst beglückt über ein vermeintliches Geschenk des attraktiven Hauptdarstellers, sein Diener Arlecchino schüttelt den Kopf ob solch ausgewachsener Dreistigkeit. Wir sind amüsiert, Pirna ist bestens unterhalten. Es scheint, als habe sich die Regie für die klassische Variante entschieden: Die Schauspieler bleiben zunächst auf der Bühne und wir in den Sitzreihen.

Nach der ersten Pause wirkt zunächst alles wie gewohnt, wobei ich auf meinem Platz im Oberrang überrascht feststellen muss, dass ich bei der Lektüre die Szene, in der Lelio zugekokst die Signora Rosaura rittlings besteigt, wohl überblättert haben muss. Und wohl auch die Regieanweisung, dass Rosaura über das farbenfrohe und blumige Bühnenbild eines italienischen Frühlings mit ihrem Blut große Hakenkreuze schmieren soll, während nunmehr die lustigen Musikanten Harfe und Leier ins Parkett schleudern und das Publikum als „dreckige Huren" beschimpfen. „Ganz nett, n'est-ce pas?!", begrüßt Henri neben mir etwas schüchtern den Stimmungswechsel auf der Bühne. Den gröbsten Schnitt erfährt die Inszenierung, als plötzlich Ottavio, ein Cavaliere aus Padua, mit einer Ballwurfmaschine Schweinenieren auf unseren munteren Protagonisten schießt, der dieweil auf einer Ottomane im vorderen Bühnenbereich mit Rosauras Schwester Beatrice einer Sexualpraktik frönt, für die es einer Leiter und einer Kabeltrommel bedarf. Unklar bleibt auch, was dem sympathischen Kutscher, dem kecken Laufburschen und dem fröhlichen Briefträger in der Pause widerfahren ist. Sie tragen nun SS-Uniformen und werfen aus dem Hintergrund das französische Bühnenmobiliar in die Zuschauerränge. „Eine interessante Interpretation, nicht?", stellt mein Nachbar etwas verkrampft fest. Ein Teil des Ensembles stimmt Brechts Ballade vom toten Soldaten an, „Kein Frauenzimmer bleibt hier ungefickt!", grölt Lelio von den Brettern, eine Kirschbaum-Chiffoniere trifft mich am Kopf. Soviel grob zum zweiten Akt, den dritten verfolge ich von meinem Platz aus dann in halb geduckter Position, während Henri meine Platzwunde mit einer der Schweinenieren zu kühlen versucht. Das Geschehen wird zunehmend undurchsichtiger. Ein wenig aus der Handlung bringt mich der übergroße Ventilator, der zu Beginn des dritten Aktes auf die Bühne gefahren wird, und wie täuschend echt Florindo dabei sein rechtes Bein verliert. Moment…!

Nun, egal, Ich lasse mir meine Unsicherheit nicht anmerken. Habe ich auch den Bezug zur Handlung verloren, stelle ich doch immerhin fest, dass zumindest das Personal der Komödie, mal abgesehen von den etwa 50 riesigen Plüschhasen, die gegen Ende des zweiten Aktes mit schwerer Baugerätschaft die Völkerschlacht bei Leipzig nachstellen, mit dem der Originalfassung übereinstimmt. Thema des 3. Akts ist dann wohl irgendwie Hölle, Endzeitstimmung oder Ähnliches. Das Bühnenlicht ist auf ein Minimum reduziert, große schwarze Vorhänge bilden die Kulisse für das Finale dieser munteren und bunten Inszenierung an einem Donnerstagabend in Pirna. Die Zuschauer sind mittlerweile völlig in den Bann der Aufführung gezogen, aus dem Orchestergraben dröhnt dunkel und eindringlich ein schweres Mahler-Requiem. Die Blutung an meiner Stirn hat ein wenig nachgelassen, die Schmerzen auch, neben mir hat Henri seinen Hals vorsichtig nach vorne gereckt und verfolgt, wie Dottore Balanzoni, der Vater der beiden Signoras, nun lautstark den Kopf des Protagonisten fordert. Ein Raunen geht durch den Theatersaal. „Dann man zu“, sage ich mittlerweile gleichgültig zu Henri, „solange sie mir den nicht auch noch an die Birne werfen." Aus seiner verkrampften Reaktion schließe ich, dass in diesem

Augenblick irgendetwas Beunruhigendes auf der Bühne vor sich geht. Der Lügner aus Neapel kniet dort in Ketten gelegt und bettelt völlig ausgebrannt um Hilfe. Die Schwestern tragen Kanister, es riecht nach Benzin. Dann hört das Orchester auf zu spielen, es wird still und Lelio ruft müde einen letzten Vers von der Bühne:

„Holt mir doch ihr guten Geister,
holt meinen Retter mir herbei.
Er sitzt im linken Oberrang,
in Reihe 8, Platz 103!"

Das grelle Licht des Scheinwerfers blendet mich zunächst ein wenig, aus dem Orchestergraben glaube ich die JEO-PARDY-Titelmelodie ertönen zu hören. „Puh! Schon so spät! Du ich muss dann los, ne. Mach's gut!", höre ich Henri neben mir noch sagen, ehe er seinen Mantel greift und sich eilends davon macht. Ich brauche einen Augenblick, ehe mir meine Lage bewusst wird. Als von beiden Seiten schon zwei aufgebrachte gute Geister eifrig die Reihe durchkämmen, unternehme ich noch einen letzten Fluchtversuch, jedoch bleibt mir der Ausgang durch die Reste der Völkerschlacht (2 x Hase, 1 x Mischmaschine) versperrt. Mit dem Rücken zur Wand ergebe ich mich. Auf der Bühne angekommen fesselt man mich an ein Kreuz und stellt es im zentralen Bühnenbereich auf. Ich überlege noch, wo Jesus in der Textvorlage auftauchte und registriere dann die angenehm hohe Watt-Zahl der Bühnenscheinwerfer, die den Wärmeverlust durch die mir entrissene Bekleidung halbwegs kompensiert. Diese wird im Übrigen gerade – richtig! – von Beatrice in die Zuschauerränge geworfen. Zum großen Finale soll ich nun vom Kreuz aus den brennenden Lelio auspinkeln. Nachdem die Signoras ihn entzündet haben, stürzt dieser dann allerdings unverrichteter Dinge in den Orchestergraben, da ich vor den 375 Augenpaaren im ausverkauften Stadttheater Pirna keinen Tropfen herausbringe. (Lelio ab!)

Dottore Balanzoni schaut mich einen Augenblick lang vorwurfsvoll an, das restliche Ensemble agiert ein wenig ratlos. Ottavio kann die Szenerie kurzzeitig retten, als er mit großem Improvisationstalent und Ballwurfmaschine spontane Salutschüsse ins Theaterdach setzt. Aus dem Orchestergraben kriechen derweil keuchend Trompeter und Geiger, die hochschlagenden Flammen behindern ein wenig die freie Sicht auf das Bühnengeschehen, wo Ottavio früh die Schweinenieren ausgehen, und die Musikanten in das Schlusslied einstimmen. Ich beobachte, wie das Feuer die ersten Ränge im Parkett erreicht, und nehme an, dass der starke Wind in meinem Rücken möglicherweise durch den großen Ventilator verursacht wird, der wieder auf der Bühne Position bezogen hat. Bevor dieser sich und auch den Rest des Ensembles im Orchestergraben versenkt, hat mich zum Glück Arlecchino vom Kreuz befreit und mit mir die Flucht angetreten.

Draußen auf dem Theatervorplatz hat die Feuerwehr die ersten Schritte bereits eingeleitet. Von Henri fehlt jede Spur. Arlecchino schüttelt den Kopf ob solch ausgewachsener Dreistigkeit. Ein alles in allem belangloser Theaterabend in Pirna geht zu Ende.

Good morning TV, you're looking so healthy.

Anna Groß

Ameisen im Teppichboden und der Mann in dem frisch gewaschenen grauen Kapuzenpullover, der auf dem Sofa im Wohnzimmer Platz nimmt und mit mir MTV guckt, und ich mache in der Mikrowelle einen Becher warmen Kakao für ihn. Denn es ist so kalt draußen. Es ist kalt und regnet, und deshalb mache ich einen warmen Kakao für ihn und bringe ihm diesen. Er sieht mich an, und es ist eigentlich egal, ob du dieser Mann oder meine beste Freundin bist.

Hauptsache, du hast einen frisch gewaschenen grauen Kapuzenpullover an und du freust dich, na ja, was heißt freuen. Es ist eigentlich selbstverständlich. Nimmst den Kakao in deine beiden Hände und siehst fern. Ich setze mich vor dich auf den Boden und lege meinen Kopf in deinen Schoß. Wir tragen die gleichen Sachen, weil wir uns gleich fühlen. Wir sagen nichts. Ich könnte für dich auch Thunfischsandwiches machen, Frühstück ans Bett bringen, mich schön anziehen, stehlen, betteln, meinen Körper verkaufen. Du musst es nur sagen. Nein, du musst gar nichts sagen. Ich will nur, dass du zufrieden bist. Dieses Bild vor meinen Augen, wie du mich ansiehst, wenn ich dir den Becher reiche. Als hättest du es gar nicht anders erwartet. Nichts Besonderes. Trink. Den Becher gibst du mir zurück. Und ich nippe nur, denn ich brauche wirklich nicht viel.

Ich setze mich neben dich aufs Sofa. Du siehst mich nicht an und legst den Arm um meine Schultern. Ganz selbstverständlich. Als wäre es immer so gewesen, und dein Pullover ist weich und riecht frisch gewaschen, und vorne auf der Brust breitet sich ein nasser dunkler Fleck aus. Du siehst es und du wischst dir unter der Nase lang. Guckst erst mich an und dann auf deine Finger. Das ist Blut. Deine Augen drehen sich nach hinten, und dein Kopf sinkt langsam zurück. Ich küsse deine trockenen Lippen. Gute Nacht. Und gleich sind wir beide für immer vereint in diesem Augenblick. Auf uns tanzen die Schatten des Fernsehprogramms.

Doch immer, wenn ich dich frage, möchtest du einen warmen Kakao, sagst du nein.
Dabei muss ich dich warnen.
Wer weiß, ob es noch mal besser wird. Ob es noch einmal so wird wie da.

Spiel es noch einmal, Johnny!

Kalle Kalbhenn

Heute wird es passieren. Heute muss es passieren.
Er ist der letzte, der noch übrig ist. Alle anderen hat die Mission das Leben gekostet. Noch vor einer Woche ritten sie zu sechst.

Frank sitzt in einem weißen Schaukelstuhl und wippt hin und her. Auf einer Ranch hat er um Einkehr gebeten. Das soll keine Flucht sein, kein Versteck. Frank hat keine Angst vor dem, was ihm bevorsteht. Er ist bereit. Einsatzbereit und hochkonzentriert. Der Schaukelstuhl wippt zum Takt seines Pulses. Totale Synchronität. Wie ein gut geölter Antrieb der Western Pacific Railway. Dieser Tag kann der letzte sein. Oder der erste in einem neuen Leben. Alles wird sich entscheiden. Auf dem rechten Schulterblatt hat Frank die Worte „Fuck your fear" tätowiert.
Es sieht nicht nach Ende aus, eher nach einem beschissenen Anfang.

Dienstagmorgen sind sie im halben Dutzend unterwegs. Sie wissen, wo sie zu suchen haben. Der Auftrag ist klar definiert. In Sues Salon wollen sie sich stärken, sitzen am runden Tisch im Eck. Die dralle Sue bringt die Schnäpse an den Tisch. Als Frank den Trinkspruch aufsagen will, geht alles ganz schnell. Die Flügeltür springt auf, ein maskierter Mann reitet bis zur Theke. Das tiefschwarze Pferd bäumt sich laut schnaubend auf, und noch bevor alle die Situation begriffen haben, liegt Buddy tot auf dem Tisch. Der Mann am Piano spielt weiter. Keine Pause. Der Weg muss weitergehen. Zu fünft.

Mit der rechten Hand spielt Frank an seinem Revolver. In jeder der sechs Kammern ruht eine Kugel. Einsatzbereit. Sein Zeigefinger umspielt den Abzug. Wenn er diesen betätigt, wird das nicht das erste Mal sein. Es könnte das letzte Mal sein.

Am nächsten Tag reiten sie weiter. Sie haben eine Mission zu erfüllen. Der Weg der Gruppe führt durch eine Schlucht. Jim reitet als letzter durch den Pass. Dabei wird er mitsamt seinem Pferd von einem großen Steinbrocken erschlagen. Auf einem Felsvorsprung bäumt sich ein schwarzes Pferd laut schnaubend auf und galoppiert dann mit seinem maskierten Reiter davon.

Franks Pferd steht vor der Veranda am Trog. Pferde sind genauso wichtig wie Revolver. Sie müssen einsatzbereit sein. So wie Franks Pferd. Die Zügel kann er mit einem geschickten Griff schnell lösen. Binnen Sekunden wird er aufsitzen und auf jede Situation reagieren können. Im Mundwinkel hängt eine Zigarette. Sie glimmt stetig runter.

Donnerstag wähnen sie sich dem Ziel nah. Die Rauchzeichen am Himmel deuten auf das gesuchte Indianerreservat. Zu viert werden sie die Aktion zu Ende bringen. Buddy und Jim hätten es so gewollt. Dann muss Sam absteigen, um sich zu erleichtern. Als er nicht zurückkehrt, geht Frank nach ihm sehen. Er findet ihn mit einem Indianerpfeil zwischen den Augen vor einem Baum kniend. Neben ihm liegt ein schwarzes Tuch. Die Pferdespuren sind noch frisch. Die Mission muss weitergehen. Zu dritt.

Mit der linken Hand hält sich Frank den Hut. Die Krempe hat er ins Gesicht gezogen - gerade so, dass er noch alles im Blick hat. Die Sonne steht im Zenit und brennt auf die Prärie. Frank sitzt im Schatten. Er ist alleine. Nur sein Pferd und sein Revolver sind bei ihm.

Freitagabend halten sie an einer Ranch. Sie wollen sich orientieren und stärken. Die Farmerfamilie zeigt sich großzügig, spendiert einen Topf Chili und erklärt den Weg. Auch das Angebot, bei ihnen zu nächtigen, schlagen die drei Cowboys nicht aus. Am nächsten Morgen ist das Farmerhaus bis auf seine Grundmauern niedergebrannt. Zu den Opfern gehört auch Morton. Sein Verlust reduziert das Team auf zwei Mitglieder. Ein aufgeregter Sklave weiß zu berichten, er habe einen maskierten Mann auf einem schwarzen Pferd gesehen. Die beiden Cowboys sehen sich kurz an. Dann satteln sie ihre Pferde und reiten der Sonne entgegen. Die Mission ist bald erfüllt.

Das Wippen des Schaukelstuhls und das Klacken des Revolvers harmonieren. Beides verschmilzt zu einer Melodie. Dazu streicht der Wind durch das Korn und lässt es im warmen Licht der Sonne friedlich hin- und herwiegen. In der Ferne steigt Staub auf.

Zusammen mit Bret reitet Frank den Weg, den ihnen die Farmerfamilie in den Block diktiert hat. Bret ist in Gedanken verloren. Schaut nicht nach rechts, nicht nach links. Die Rufe von Frank, der schon längst stehen geblieben ist, nimmt er nicht mehr wahr. Die Western Pacific Railway erwischt ihn in voller Fahrt. Am Steuer steht der maskierte Mann auf dem schwarzen Pferd. Frank kann ihn deutlich erkennen. Er ist jetzt allein. Er erinnert sich an sein Tattoo.

Alle mussten für diese verfluchte Aktion ihr Leben

lassen. Aber Frank ist ein richtiger Desperado. Er wird es richten und alles zu Ende bringen. Frank sitzt in einem weißen Schaukelstuhl. Seine Zigarette ist fast aufgeraucht. Zu der Melodie von Revolverklacken und Schaukelstuhlwippen kommt die Staubwolke näher.

Gleich wird es passieren. Gleich muss es passieren. Kein Ende, aber ein beschissener Anfang.

Der Kaiser der Kaiser

Darren Grundorf & Tobias Nehren

Nach den Turbulenzen um die deutsche Fußballnationalmannschaft und der Kritik an Bundestrainer „California-Klinsmann" hat der DFB Anfang November 2005 spontan eine Findungskommission mit Franz Beckenbauer (dem Kaiser), dem DFB-Präsidenten und Oliver Bierhoff (auch wichtig) eingesetzt, um für die sich abzeichnende Bundestrainersuche in Zukunft gerüstet zu sein, und Klinsmanns Stelle schon mal auszuschreiben. Kurz nach der Pressemitteilung durch den DFB überlegte auch die *Kommunikaze*-Redaktion, wer wohl am besten diesen Posten besetzen könnte, und schnell stand fest: Sicherlich niemand, den wir kennen. Das sollte aber für die Redaktion noch lange keinen Grund darstellen, nicht am Ausschreibungsverfahren teilzunehmen. Deshalb hat die *Kommunikaze* ihren Ressortleiter Sport, Tobias Nehren, vielen überhaupt nicht bekannt aus seiner aktiven Zeit beim Eisenbahner Turn- und Sportverein Weiche, und Feuilleton-Chefredakteur Darren Grundorf, der noch am ehesten Ahnung von Fußball hat, einfach mal zum Vorstellungsgespräch angemeldet. Nachdem der übliche Anwärter-Kreis um Ottmar Hitzfeld (will nicht), Lothar Matthäus (will unbedingt, darf aber nicht), Udo Lattek (Entziehungskur, verstorben etc.) und Franz Beckenbauer (kann sich nicht um alles kümmern) abgearbeitet war, ergab sich für unsere beiden Helden tatsächlich die Chance, bei der Findungskommission vorzusprechen. Ein Husarenritt, wie sich herausstellen sollte, mussten sich Nehren und Grundorf doch einen Tag lang unter scharfer Beobachtung den Aufgaben eines Bundestrainers stellen. Hier ist ihr Bericht:

An einem grauen Novembertag betreten wir die Hotel-Lobby des InterConti in Frankfurt am Main, wo uns der große Franz Beckenbauer und der dicke DFB-Präsident schon erwarten. „Der Herr Bierhoff kommt auch gleich", lässt uns Beckenbauer wissen. Es beginnt ein Gespräch in freundlicher Atmosphäre. Natürlich sind wir nervös, doch das legt sich, als der Kaiser uns das „Kaiser" und der Präsident einen Schnaps anbietet. Mit den Worten „Entschuldigung, es hat in der Maske ein wenig länger gedauert", betritt dann auch Bierhoff die Lobby und zeigt uns sein schönstes blend-a-dent-Lächeln über alle 32 Zähne. Und da haben wir sie dann alle drei vor uns stehen. Der Kaiser überzeugt allein schon durch seine Anwesenheit und seine „Aurora" (Beckenbauer über Beckenbauer), und wir sind uns einig: Wichtig kann hier ohnehin nur sein, was der Kaiser sagt. Bierhoff und der Präsident beeindrucken erst einmal nur durch ihren Geruch (Haarspray bzw. Dornkaart). Der taffe Nationalelfmanager Bierhoff macht uns im Folgenden mit den Aufgaben für den bevorstehenden Tag vertraut: Zunächst wird Franz Beckenbauer unseren Fußballsachverstand überprüfen, anschließend sollen wir das Training der Nationalmannschaft leiten, um uns zum guten Schluss auf einer Pressekonferenz den Fragen der Sportjournaille zu stellen. Bierhoff hat noch nicht ausgesprochen, da klingelt Beckenbauers Handy. „Ja guat, äh... Lothar, wir haben hier jetzt zwei, die wo jetzt hier für den Posten vorsprechen. Lothar... hä, hä, da müssen wir halt mal abwarten", spricht Beckenbauer in sein Handtelefon, um sich dann für die kurze Störung bei uns zu entschuldigen.

InterConti, 11.00 Uhr. Hinein in die erste Prüfungsrunde. Wir folgen den drei Herren in einen Konferenzraum. Der Kaiser marschiert erhaben voraus, während ein aufgeregter Bierhoff an seiner Seite sein bester Freund sein will. Wir gehen ein paar Meter dahinter und schleppen den DFB-Präsidenten mit uns, dem die Fahrstuhl-Fahrt wohl nicht bekommen ist. Als die Herren dann vor uns sitzen, scheint sich sein Magen wieder beruhigt zu haben, er versucht zumindest zu lächeln und sich zu konzentrieren, wobei wir den Eindruck, man habe ihn kurz vor unserer Ankunft von der Theke eines Frankfurter Puffs weggezogen, nicht loswerden können. Es kann losgehen, wir atmen noch einmal tief durch, Bierhoff fasst sich noch einmal ins Haar, Beckenbauer stellt die erste Frage. Schnell erkennen wir, dass es dabei nur eine Antwort geben kann.

„Ja guat, äh…“, beginnt Beckenbauer, „Wer hat die deutsche Nationalmannschaft zum Weltmeistertitel 1974 geführt?“ Nehren versucht sein Glück: „Äh, der Kaiser?“ „Hä, hä…das ist richtig“, freut sich Franz. „Und wer hat die deutsche Nationalmannschaft zum Weltmeistertitel 1990 geführt?“ Grundorf ist sich unsicher, doch Nehren antwortet souverän: „Der Kaiser.“ Jetzt will Bierhoff auch mal was fragen: „Und wer hat die deutsche Fußballnationalmannschaft zum Europameisterschaftstitel 1996 geführt?“ „Der Kaiser?“, mutmaßt Grundorf, worauf Bierhoff ein unfreundliches: „Nein, ich. Ich war das!“, entfährt. „Komm, geh‘ du dir die Haare machen, Olli!“, bellt Nehren zurück. „Hä, hä“, meint Beckenbauer, als dankenswerter Weise das Telefon im Raum klingelt. Die Stimme aus dem Lautsprecher gehört Lothar Matthäus, der noch einmal wissen will, ob er jetzt Trainer werden soll. „Du, Lothar, wir sind hier mitten in der Fragerunde.“, erklärt Beckenbauer dem Rekordnationalspieler, der daraufhin: „Der Kaiser, der Kaiser!“, in den Hörer ruft. Beckenbauer wimmelt ihn ab. Der Präsident ist auf seinem Stuhl mittlerweile eingenickt, wir manövrieren uns fehlerfrei durch den gesamten Fragenkatalog. Beckenbauer („Karl der Große war ein deutscher...") prüft uns aufs Letzte. Dennoch: Die erste Aufgabe scheint bestanden.

Waldstadion, 12.00 Uhr. Regen, Wind, Bierhoffs Frisur sitzt. Der DFB-Präsident sitzt auch und zwar oben in der VIP-Lounge, wo er der jungen Bedienung nun schon wieder recht munter zuprostet. Der Kaiser ist gespannt auf unsere Übungsleitung. Wir sollen unsere Praxis-Kenntnisse unter Beweis stellen. Um die Mannschaft, insbesondere Lukas Podolski, nicht zu überfordern, wollen wir zumindest ansatzweise am Klinsmann-Konzept festhalten. Um die Torhüter mit dem Klinsmann-Prinzip der Rotation vertraut zu machen, lassen wir Kahn, Lehmann und Hildebrandt Reise nach Jerusalem mit einem Stuhl spielen. Jens Lehmann scheidet unglücklicherweise nach sieben Minuten mit einem Kieferbruch aus, nachdem er mit Kahns Faust zusammenstoßen ist. Die Innenverteidigung ist seit ein paar Jahren das Sorgenkind der Nationalelf. Hier gilt es die mageren Qualitäten auszubauen und die vielfältigen Defizite in einer Übung unter einen Hut zu bringen und zu beheben. So bringen wir Robert Huth (groß und stark, aber mit dem Hüftschwung eines Steven Hawking), Per Mertesacker (lieb, nett, Bierhoffs Liebling mit dem Zweikampfverhalten eines Jesus Christus), Christian Wörns (ein Allrounder - von allem ein bisschen zu wenig), Jansen (kennt kein Mensch, aber talentiert) und Sinkiewicz (hat immerhin einen deutschen Pass) in der rechten Spielhälfte zu einem bunten Zirkeltraining zusammen, das Grundorfs Vorliebe für Schlingensief-Inszenierungen nicht verbergen kann. Das traditionell nicht eben durch südamerikanische Filigrantechnik bestechende Mittelfeld wird mit der Aufgabe betraut, Michael Ballack im Mittelkreis einfach alles nachzumachen (z.B. den Ball hochhalten). Die Übung zeigt einigen Akteuren schnell ihre Grenzen auf. Thorsten Frings zerrt sich beim ersten Ballkontakt die Leiste, Fabian Ernst bricht sich ohne gegnerischen Einfluss das Schienbein und begibt sich in die Obhut von Dr. Müller Wohlfahrt. Der Kaiser betrachtet es mit Wohlwollen, Bierhoffs Haare sitzen immer noch sehr gut, unterbrochen wird das Trainingsprogramm kurzzeitig, als ein nun scheinbar gut gelaunter DFB-Präsident aus der VIP-Loge ein Roland-Kaiser-Lied ins Stadionrund ansingt, in dem es um sieben Fässer Wein geht.

Zum Sturm: Bedächtig redet Nehren auf Podolski ein, erklärt was von der Tiefe des Raumes, vom Sich-in-die-Mitte-ziehen-und-vom-Gegenspieler-lösen, um dann entnervt mit dem Satz: „Schieß einfach den Ball ins Tor!", vor dem eher schlichten Gemüt seines Gegenübers zu kapitulieren. Unser eigentliches Sorgenkind heißt Kevin Kuranyi, der sich bekanntlich nicht mal den Bart schneiden kann. Für ihn haben wir uns ein Spezialtraining überlegt. Da er selber den Ball nicht im Tor unterbringen kann, buddeln wir ihn bis zur Hüfte am Fünfmeterraum ein, um ihn dann von Asamoah, Schneider und Klose anschießen zu lassen. Ein voller Erfolg. Kevin freut sich riesig, erhöht sich so seine Trefferquote in kurzer Zeit doch auf 95 Prozent. Wir haben ein gutes Gefühl, auch diese Aufgabe bestanden zu haben.

17.00 Uhr, zurück im InterConti – Pressekonferenz. Sorglos nehmen wir neben Beckenbauer, Bierhoff und Mayer-Vorfelder auf dem Podium Platz. Wortgewandt sind wir allemal. Nicht umsonst beschäftigt uns die *Kommunikaze* in leitenden Funktionen. Links von uns klärt Beckenbauer die Presse über unsere Bewerbung auf, daneben findet sich Bierhoff immer noch sehr gut. Für den Präsidenten war das „Training" schon wieder ein wenig zu viel. Erschöpft fallen ihm die Augen zu. Nun aber die Fragen der Sportjournaille. Pitt Gottschalk von der Sport-Bild will eigentlich vom Präsidenten wissen, ob er glaubt, dass ausgerechnet wir ihn beim DFB unterstützen können. Da er aber regungslos im Sessel hängt, geht die Frage direkt an uns. „Ich denke, dass wir dem Herrn Präsidenten nicht nur am Spielfeldrand unter die Arme greifen können", sagt Grundorf. „Das kann auch schon nach einfachen Fahrten mit dem Fahrstuhl passieren", ergänzt Nehren. Nach ein paar harmlosen Fragen von Töpperwien, Kerner und Hartmann will es Kicker-Chefredakteur Rainer Holzschuh wissen: „Bevorzugen sie das Raute-System oder eher ein dreistufiges 4-4-2-System in der Kette?" Nehren weiß zwar nicht die Antwort, kann aber Grundorfs kurzzeitigen Aussetzer: „Raute am Arsch, du Kürbiskopf!", auffangen, indem er ein „Äh, der Kaiser?", ins Mikrofon haucht. Die Sportfachpresse ist irritiert, von Beckenbauers Seite registrieren wir jedoch ein zustimmendes Nicken, während Bierhoff vor Franz den Finger reckt und ein hastiges: „Das wollte ich auch sagen!", schreit. „Schnaps für alle, ihr Huren!", dringt es derweil von links. Aha, der Präsident ist wieder wach. Zeit, die PK abzubrechen. Die Findungskommission zieht sich zurück, um sich zu beraten.

Nun sind wir gespannt. Es ist kurz nach 19.00 Uhr als die drei Herren in die Lobby zurückkehren. „Hä, hä", grinst der Kaiser, „wir haben uns eine letzte Aufgabe für sie überlegt." Wir sind also noch im Rennen. Dafür geht es nun richtig zur Sache: Nehren muss mit dem Kaiser an die Torwand, Grundorf tritt an der Minibar gegen den Präsidenten an. In beiden Partien sind die Favoritenrollen klar besetzt. Immerhin gibt der Kaiser Nehren zu bedenken, dass er den Sechsten immer verschießt: „Des macht mich a bissl menschlicher." Grundorf liegt hingegen schon nach zwei Minuten aussichtslos zurück, wobei der DFB-Präsident nun erst richtig in Fahrt kommt. Nehren kann durch äußerste Konzentration immerhin bis zum 4:4 mithalten. Beckenbauer erhöht auf 5:4, während er Lothar Matthäus am Telefon versichert, dass der vom Fußballerischen her sicherlich gleich nach ihm selbst kommt, man mit der Entscheidung über den Posten aber noch warten wolle. „Zack! Schon ist Dornkaart weg. Falldari-Falldara!“, grölt der Präsident von der Mini-Bar, wo Grundorf sich schon jetzt an den Magen fasst und mit einem Underberg den Anschlusstreffer zum 7:34 erzielt. Eine Entscheidung bahnt sich an der Torwand an. Nehren hat tatsächlich zum 5:5 ausgeglichen. Wird Beckenbauer sein Versprechen halten? Zurück an der Theke zieht Grundorf die letzte Karte und überredet den Präsidenten, im siebten Stock nun die Mini-Bar der Kaiser-Suite zu plündern. Mit letzter Kraft schiebt er den fröhlich wankenden Funktionär zum Fahrstuhl. Im siebten Stock angekommen, fällt die Entscheidung auf dem Flur und mit ihr der DFB-Präsident wie eine gefällte Eiche zu Boden. In der Lobby verschießt Beckenbauer Schuss Nr. 6 tatsächlich. Nehren, dem die Schweißperlen von der Stirn rinnen, legt sich den Ball zurecht, das Ventil immer nach oben, ein Tipp, den er sich von Mario Basler abgeschaut hat. Ob ihm das hier helfen wird? „Schaffst du nicht, schaffst du nicht!“, grient Bierhoff von der Seite, und in der Tat verfehlt Nehren das obere Loch um Zentimeter. „Sag‘ ich doch, sag‘ ich doch!“, freut sich Oliver Bierhoff, bevor sich ein etwas ungehaltener Ressortleiter Sport der *Kommunikaze* kurzerhand zu einem siebten Schuss entschließt. Ein sichtlich getroffener Manager der Nationalmannschaft hat danach tatsächlich den Gang in die Maske bitter nötig. Immerhin sitzen die Haare noch sehr gut. Beckenbauer kann seine Enttäuschung nicht verbergen: „Des waaar,

prakdisch, sehr knopp", erklärt er dem völlig erschöpften Nehren. „Aber ein Remis is, ja guat äh… leider noch kein Sieg." Nehren bettelt um Gnade: „Aber bitte, Franz! Kaiser! Bitte nicht den Lothar!" – „Joa, geh mir weg mit dem Loddar!", antwortet der Kaiser und wirft sich den Mantel über. Er schreitet gedankenverloren – wie einst durch das Römer Olympiastadion – Richtung Ausgang und schüttelt den Kopf, während er selbstzufrieden eine letzte Frage in sich hineinmurmelt:
„Wer führte die deutsche Nationalmannschaft 2010 zum Titel? Der Kaiser der Kaiser, hä hä."

Tischgebet

Anna Groß

Als Kind musste ich immer am Lakaientisch sitzen. Mit meinen schmierigen Fingern und dem rauen Kittelchen musste ich dort sitzen und die Reste essen. Mit den Fingern habe ich die staubig schmeckenden Fleischstückchen direkt aus der Pfanne, aus der dicken braunen Soße geangelt und mir in den Mund gesteckt. Finger abgeleckt und mit dem Handrücken die schwitzigen Strähnen aus der Stirn gewischt. Heiß! Heiß! Die Nase läuft. Hab' ich mit dem Ärmel abgewischt und heimlich die zaddeligen Knorpelstücke in meinen Kragen gespuckt. Sonst wird alles wieder aufgewärmt in der braunen Soße. Schmutzig. Schmutzig, klebrig und versalzen. Das kleine braune Gesicht. Mit den feuchten Fingern helle Stellen reingewischt. Hhm. Lecker. Happa happa. Ein' für Mama, ein' für Papa. Messer, Schere, Gabel, Licht sind für kleine Kinder nischt.

Wenn der Teller weggeräumt wird, schnappe ich nach der Hand. Mit meinen spitzen kleinen Zähnen. Sie packt mich fest im Nacken, wie ein Schraubstock. Ich winde mich und rolle mit den Augen. Mit dem Spüllappen wird mein Mund abgewischt. Pfui, der stinkt! Aber ich stinke auch! Der ganze Dreck. Der ganze Dreck, den ich gefressen hab'. Lieber Gott, bitte hilf mir. Er geht nicht mehr ab. Lieber Gott, bitte vergib, was ich verbrochen hab. Ich mach' alles, was du willst und werde nie mehr lügen. Aber bitte nicht mehr der Lakaientisch! Der schmutzige, lausige, stinkende Tisch. Sonst renn' ich weg. Sonst mach' ich Schluss. Das Teppichmesser hab' ich unter der Matratze versteckt. Der Plan ist lange ausgeheckt.

Oder ich verwandle mich in ein Tier. In eine schwarze Katze. Ich muss nur lange genug auf allen Vieren herumkriechen und maunzen und meinen Kot verscharren und Mäuse fangen auf den Bahnschienen und ihnen das Genick durchbeißen, dann werde ich eine.
Lieber Gott, wenn du mich rettest, dann gehe ich ins Kloster und diene dir für den Rest meines Lebens. Pflücke ich weiße Blumen für dich. Vergiss mich nur in diesem Elend nicht.

In der Schule weiß es ja keiner. Da sitze ich nur und gucke aus großen weißen Augen aus meinem schmutzigen Gesicht.

Ach, die Lehrerin ist schön. Sie ist sauber und riecht gut. Eigentlich bin ich ihr Kind, nur im Krankenhaus vertauscht worden. Die anderen Kinder und sie selbst wissen das nicht. Aber eines Tages, wenn es rauskommt, schließt sie mich in ihre Arme, ihr verlorenes Kind, und weint vor Freude und vor Rührung und küsst mein Gesicht. Und dann, dann schreib ich alles auf. Dann schreib ich ein Buch über das Leben, und wie gemein alle zu mir waren.

Tahaga
Finn Kirchner

Guten Tag. Mein Name ist Tahaga. Geboren 1980 in Omaru nahe Sapporo auf Hokkaido. Tahaga ist mein Nachname. Mein Vater wollte mich Akio, leuchtender Mann, nennen, doch meine Mutter, voll Zartheit und Hinterlist, meldete das weibliche Aiko, Kind der Liebe. Nach der Schulzeit ließ ich mich nur noch Tahaga rufen.

Eine Qual war jene Schulzeit. Die ganzen sechseinhalb Jahre lang wurde ich für meinen Frauennamen verlacht, die anderen Jungen nahmen mir häufig die Uniform weg, und die Mädchen zwangen mich, stattdessen ein Schulkleidchen zu tragen. So traf es mich auch wenig, als ich die Schule zu verlassen aufgefordert wurde. Ich hatte in einer Hausaufgabe das Zeichen *Skrotum* geschrieben und meine Japanischlehrerin meldete den Vorfall umgehend. Dabei war sie es, die bei unseren sonntäglichen Nachhilfestunden mit wegtretenden Augen und sich überschlagender Stimme dieses Wort wieder und wieder in die Nachbarschaft blökte. Skrotum. Vielleicht hatte ich dieses Wort sogar, wie oh so vieles anderes auch, von ihr gelernt, was jedoch noch nicht meine Kenntnis des dazugehörigen Kanji-Zeichens erklärt.

Ich verließ Omaru mit nur dreizehn Jahren. Ich wollte nach Sapporo ziehen, doch mein Vater gab mir Teile des Familienschmucks und zwei kunstvoll bemalte Fächer dafür, dass ich Hokkaido auf Lebzeiten verließ. Ich ging nach Tokio, wo ich mich aus Preisgründen in ein Love Hotel einmietete. Außer mir lebten dort nur Huren und Zuhälter, was mir die Möglichkeit bot, einige Yen dazu zu verdienen und viel zu lernen. Ich lernte und lernte. Als die Polizei herausfand, dass eine der zwergwüchsigen Damen gar nicht zwergwüchsig, sondern nur schrecklich jung war, wurde das Love Hotel aufgelöst, und ich stand auf der Straße. So war nach fünfzehn Jahren das süße Leben vorbei, und ich war gezwungen, mir einen Beruf zu suchen. Ich fand einen in der Haushaltswarenabteilung eines großen Kaufhauses, wo ich als elektrischer Reiskocher verkleidet mit den Ehefrauen solcher Geschäftsmänner in Kontakt kam, die als Gäste im Love Hotel jene Fähigkeiten nachgefragt hatten, die ihre Frauen angeblich nicht besaßen. Und ob! Ich fragte sie, ob ihr Reis auch nicht so richtig klebe. Die meisten sagten sofort ja. Ich ging mit ihnen ins Bastmattenlager. Da mein Gesicht nicht sonderlich schön anzusehen ist und ich unter dem Kostüm schrecklich schwitzte und stank, öffnete ich meist nur einen Reißverschluss, der an der Stelle angebracht war, wo beim Gerät das Stromkabel steckt. So blieb ich zwei Jahre lang unerkannt.

Als eine der Ehefrauen sich bis zur Verwirrung in mich, den Reiskocher, verliebte und ich ihre Pläne für eine gemeinsame Zukunft abwies, erzählte die Irre alles ihrem Mann. Der war Journalist, und am selben Morgen, an dem eine Zeitung „Hunderte Tokioter Babys von Reiskocher gezeugt: Heute verreckt die Schabe!“ titelte, betrat eine Horde Ehemänner erstmals die Haushaltswarenabteilung. Ich, der Reiskocher, bekam einen auf den Deckel, für ein Elektrogerät wurde ich ziemlich zugerichtet. Als das Kostüm riss, und mein unansehnliches Gesicht zum Vorschein kam, bekamen die Schwierigkeiten für mich, Tahaga, existentielle Relevanz. Doch ich konnte fliehen, vielfach verletzt, aber dort, wo es zählt, unbeschadet. Mit dem Pass der hässlichsten Hure Tokios, einer intimen Vertrauten, gelang es mir, als Frau verkleidet das Land zu verlassen.

Halb tot vor Flugangst landete ich in London. Ich kannte Flugzeuge nur von Fernsehdokumentationen über Kamikazeflieger. Von Landungen wusste ich nichts. Die Stewardessen fanden meine Angst niedlich, und ich machte ihnen schnell klar, dass weder mein Name noch mein Geschlecht mit den Angaben auf dem Pass übereinstimmten. So hatte ich für die erste Nacht in London eine Bleibe, genau genommen zwei: Ruby und Sophie hießen sie. Danach fiel ich jedoch in ein emotionales Loch. Ich konnte die Sprache nicht und vertrieb mir die Zeit damit, mich in U-Bahnen an Frauenkörpern zu reiben. In Tokio hatte ich das immer gerne getan, in London waren die Bahnen aber nicht zum Bersten überfüllt. So bekam ich hie und da Ärger und schließlich eine Anzeige. Bei dem Versuch, die Klägerin mit einigen Geschenken aus einem Sexshop zu besänftigen, wurde ich verhaftet. Dank meines Reisepasses steckte man mich in ein Frauengefängnis. Über 300 Frauen kamen auf einen Mann, ein Mann kam auf über 300 Frauen. Der Mann war ich, Tahaga. Selbst die Wärter waren, wie sich später herausstellte, in echt Frauen. Das halbe Jahr bis zur Verhandlung war die Zeit meines Lebens.

Wenige Minuten, nachdem die Richterin und ihre zwei Schöffinnen mich für unschuldig erklärt hatten, verließ ich, Tahaga, London als freier Mann. Weder das Land Frankreich noch dessen Hauptstadt Brüssel waren mir ein Begriff, doch ich nahm den ersten Zug dorthin, da ich nicht länger in einem Land bleiben wollte, das eine Frau als Kaiser hat. Die Richterin zahlte mir die Fahrkarte. Da die letzten Reste des Familienschmucks für die Schöffinnen draufgegangen waren, verkaufte ich in

Brüssel die Fächer. Schnell war auch dieses Geld aufgebraucht, ich stand auf der Straße. In der Nähe des Bahnhofs.

Der Aufstieg zum Reichtum gelang mir mithilfe des damals noch recht neuen Internets. Ich betrieb eine Seite mit Fotografien unbekleideter Damen beim Liebesspiel mit mir. Mir war aufgefallen, dass es die Menschen amüsierte, wenn Japaner fotografierten. Also stellte ich mich vor die Sehenswürdigkeiten Brüssels und fotografierte. Die Mädchen lachten über mich, ich kam mit ihnen ins Gespräch, und wir gingen in mein perfekt ausgeleuchtetes Zimmer. Dass ich pausenlos weiter fotografierte, war für die Damen nur eine witzige Verschrobenheit, für mich aber eine Geldquelle, die so verlässlich sprudelte wie das warme, dickflüssige Wasser der Thermalquellen Hokkaidos.

Eine lange Phase wirtschaftlicher Prosperität folgte. Doch ebenso wie der Fuji keine Lava mehr über seine Hänge ergießt, endete auch diese kraftvolle Tätigkeit. Ein spanischer Polizist hatte seine Tochter im Internet wiedererkannt und war daraufhin mit einigen Freunden umgehend zum Atomium aufgebrochen. Ich erkannte in ihm aufgrund der schütteren Kopfbehaarung sofort den Vater des Mädchens und trat die Flucht an. Es folgte eine Hatz durch die Straßen Brüssels. In den engen Gassen rannte und rannte ich, direkt auf meinen Fersen die Herde bulliger Spanier, die mich auf die Hörner nehmen wollte. Mit letzter Kraft erreichte ich einen gerade abfahrenden Bus in Richtung Flughafen. In der sicheren Erwartung des baldigen Verlassens des Landes riskierte ich es, mich während der Busfahrt ein wenig an einer recht ansehnlichen Dame zu reiben. Am Flughafen wartete bereits ihr Freund auf sie, sie erzählte ihm von meinen Reibereien und die nächste Jagd begann. Da er eine Waffe bei sich trug, konnte ich ihn an der Sicherheitskontrolle abhängen. Durch die sich gerade schließende Tür hechtete ich in ein Flugzeug, wo die Stewardess mich zunächst auf der Toilette nach einem Ticket durchsuchte, letztendlich aber ohne eines zu finden mitfliegen ließ. Als die Maschine abhob, atmete ich tief durch. Weder mein falscher Pass hatte Probleme gemacht, noch dass ich kein Ticket besaß. Die Erleichterung nahm mir jegliche Flugangst. Entspannt lehnte ich mich zurück, schloss die Augen und legte die Hände in den Schoß meiner Sitznachbarin. Es war plötzlich so egal, was passiert war, egal, dass ich mein Geld in Brüssel zurückgelassen hatte. Was zählte war, dass ich lebte. Und ich wusste, dass ich es unabhängig von Vergangenheit oder Finanzen überall schaffen könnte, solange ich nur gesund und am Leben war.

Mit diesen Gedanken landete ich in Teheran.

Steffi Schnief

Olker Maria Varnke

Als an einem sonnigen Frühlingstage der adrett geklei-
dete vierundvierzigjährige Baron Emsdetten in das herr-
schaftliche Haus der von Schniefs in Hohen-Premmen
eintrat, vergnügte sich die noch wenige Lenze zählende
Steffi im Garten auf ihrer Rutsche, die ihr Vater eigens für
sie errichtet hatte. Emsdetten war mit den Schniefs seit
alters her befreundet, hatte er doch den Sedanstag Seite
an Seite mit dem Herrn des Hauses verbracht. Damals
stand er noch unter der Führung des alten Schnief, heute
freilich hatte Emsdetten als Dombaumeister von Schuppin eine deutlich wichtigere Stellung als jener inne. Im
Gegensatz zu seiner Tochter besaß der alte Schnief ein
ruhiges Gemüt. So sagte er einmal von sich, dass er jeden
Tag genieße, ob er grünes oder dunkles Laub, kahle oder
blühende Zweige mit sich bringe. Steffi nun aber zeigte
trotz ihres noch jungen Lebens einen großen Ehrgeiz
und wollte einmal hoch hinaus, sich Frau Ministerialrat
oder gar Ministerialdirektor nennen dürfen. Freilich war
das für die Zukunft gedacht. Jetzt genoss sie ihr kindlich
unschuldiges Umhertollen des Nachmittags, wenn sie
mit den Kindern der Honoratioren des Ortes – des Pa-
stors Immermeyer und des Kantors Varnke – verkehren
durfte.

„Steffi!", hörte sie plötzlich die Mutter aus dem Hause
nach ihr rufen. Schnell beendete das Kind seine letzte
Rutschpartie, die weiter und tiefer als sonst zu gehen
schien, eilte der Frau Mama entgegen und lachte die
streng dreinblickende Frau mit großen Augen an. „Ach,
beeil' Dich doch, Mädchen! Du weißt, dass sich der Herr

Baron Emsdetten für heute angesagt hat." Steffi aber hatte dies fast vergessen und überspielte eine Verlegenheit, indem sie mit kindlichem Übermut entgegnete, dass der Herr Baron als Kavalier nicht überpünktlich sein dürfe, was dieser in der Tat war. Die Mutter sah ihr darauf mit aller elterlichen Güte ins Gesicht und sprach: „Ach Steffi, mein gutes Kind. Der Herr Baron hat eben bei Deinem Vater und mir um Deine Hand angehalten, und wenn meine Steffi nicht dumm ist, wird sie Ja sagen. Du weißt, dass der Herr Baron eine große Karriere vor sich hat." Steffi aber traf es wie der Schlag. Mit solch einer frühen Fügung hatte sie nicht gerechnet. Sie sagte artig Ja und feierte ihre Verlobung auch gleich mit den inzwischen eingetroffenen Freundinnen, der Immermeyer und den Vierlingen aus dem Hause Varnke, herumtollend im Garten. Sie war so glücklich, bald eine Frau Dombaumeisterin zu sein, dass sie sich kaum über den Verlust eines ihrer weißen Sommerschühchen betrübte, den sie beim versehentlichen Ausgleiten in den an das Anwesen grenzenden See verlor, ihn treiben, schließlich untergehen und langsam verschwinden sah.

Rasch waren Polterabend und Hochzeit auf dem elterlichen Gut gefeiert, und da Emsdetten keine Zeit für eine angemessene Hochzeitsreise hatte – diese sollte alsbald nachgeholt werden – brach man sogleich in den mecklenburgischen Küstenort Schuppin auf. Am Bahnhof des nächst größeren Ortes wollte man des schönen Wetters wegen im offenen Wagen das letzte Stück des Weges gen Schuppin zurücklegen. Steffi gefielen die frühherbstliche Landschaft, das kleine in der Ferne liegende Wäldchen, das, wie Emsdetten berichtete, von den Einheimischen die Platane genannt wurde, und die Sanddünen, die das dahinter sich verbergende Meer vermuten ließen. Trotz der Sonnenstrahlen und der Plaids, die Steffi wärmten, erfasste sie dennoch hin und wieder ein Kälteschauder. Ein besonders heftiger aber durchfuhr sie, als ihre Augen in einiger Entfernung einen kleinen Hügel erspähten, auf dem ein Grabstein zu sehen war. „Eert“, sprach Steffi da zu Emsdetten, „was ist das für ein eigentümlicher Hügel dort am Wegesrand?“ Der Dombaumeister ließ den Wagen auf Höhe des Grabes halten und stieg mit seiner jungen Frau aus der Kutsche: „Hier, meine liebe Steffi, liegt nun unser Chilene. Er ist vor vielen Jahren in Schuppin gestorben. Auf dem Friedhof konnte er jedoch nicht beerdigt werden, da die Gemeinde das nicht zuließ. Es wird sich so einiges über ihn erzählt.“ „Ja, was sagt man denn über ihn, Eert?“, fragte Steffi ängstlich. „Du brauchst Dich nicht zu fürchten. Jetzt wollen wir rasch nach Haus, um uns aufzuwärmen.“

Schuppin war trotz seiner dreitausend Seelen kein Ort, an dem viel Zeitvertreib zu finden war. Das zeigte sich bereits bei der ersten Durchfahrt, und auch Emsdetten erwähnte dies. Als Umgang für Steffi empfahlen sich nur der Landwehrkommandant, der Brandmeister der Freiwilligen Feuerwehr, der Bademeister und in besonderem Maße der ansässige Hirnchirurg Dr. Giesschnübler, der wohl auch alsbald von sich hören lassen würde. Die Hausangestellten begrüßten die neue Frau Dombaumeister gebührlich an der Eingangspforte des Emsdettschen Hauses. Da waren der einarmige Kutscher Heinrich, die zahnlose Jo-Anne, die aus dem irischen Limerick stammte, und die äußerst vollleibige, einbeinige und offensichtlich stumme Frau Kruse, die Ehegattin des Kutschers und Köchin des Hauses. Beim Betreten des Gebäudes spürte Steffi sogleich ein eigentümlich einschnürendes Gefühl, als ob ihr die Luft dünner würde. Die Eingangshalle hing voll allerlei exotischer Objekte, da waren ein ausgestopfter Archaeopteryx neben einem

Orang-Utan-Skelett, ein präparierter Wollnashornschädel, die Statue eines Chilenen und ein menschliches Hirn auf Blumen zu sehen. „An dem Hirn nun bin ich unschuldig“, lächelte Emsdetten, „das wird auf Giesschnüblers Konto gehen.“ Und so war es denn auch. Steffi fand neben Hirn und Blumen eine von Giesschnübler an sie gerichtete Karte, in der sich der Chirurg für morgen Vormittag ansagte. „Ach“, sagte Emsdetten unter dem Gebell eines Hundes, „den habe ich Dir noch gar nicht vorgestellt.“ Er zeigte dabei auf einen kleinen grauen Nackthund mit dem Kopf einer Fledermaus. Steffi stürzte sich voll Freude auf die Kreatur und erblickte den Namen Bello auf deren Halsband. „Das wird Dein Beschützer sein, wenn ich einmal nicht da bin“, griente der Baron.

In der Nacht fiel Steffi nur schwer in Schlaf. Immer wieder geriet ihr das Chilenengrab in den Sinn. Und war nicht auch die menschliche Statue in der Eingangshalle dieses Hauses ein Chilene gewesen? Was hatte es nur damit auf sich? Aus dem Raum über ihr ertönten dazu noch seltsame Geräusche. Als ob mit Atlasschuhen, die auf Dielen schleiften, getanzt würde. Am nächsten Morgen fragte dann Steffi auch gleich beim Ankleiden das Zimmermädchen Jo-Anne, was es mit den schleifenden Geräuschen von oben auf sich habe. Das Mädchen berichtete von einem Saal, in dem früher ab und an getanzt worden sei. Steffi, die voller Neugier war, ließ sich den Raum zeigen und erschrak. Auf einem mit Spinnweben besetzten Stuhl hing an dessen Lehne das Bild eines Chilenen. „Was hat es nur mit diesem Chilenen auf sich, Jo-Anne?“, fragte die Frau Dombaumeister. Und die Dienstmagd berichtete, dass der Chilene, bevor er vor Jahren umgekommen war, zuletzt in diesem Haus auf einem Ball gesehen worden sei. Man habe ihn erst

Tage später mit geöffnetem Schädel am Strand gefunden. Steffi gruselte es. Ein eisiger Schauder erfasste sie und schnürte ihr den Atem ab. Doch gab es kein langes Nachsinnen, denn die Türklingel erklang, und sogleich nachdem Heinrich geöffnet hatte, stand ein etwa fünfzigjähriger weißhaariger Herr in der Eingangshalle, die nun auch Steffi betrat. Es war Giesschnübler, der offenkundig als Präsent erneut ein Hirn in der Hand hielt. „Gnä' Frau, das junge Glück! Welche Freude dem Herrn Dombaumeister durch Sie widerfahren ist, wenn ich das sagen darf."

„Herr Doktor Giesschnübler, Sie bereiten mir eine Verlegenheit. Guten Tag. Treten Sie doch näher. Und vielen Dank für das Hirn und Ihren freundlichen Gruß, den ich gestern hier gefunden habe."

„Wenn Sie gestatten, hier ein Weiteres. Ich möchte mir doch denken, dass die Jugend ein frisches Hirn recht gern verspeist", entgegnete der freudestrahlende Giesschnübler.

„Gewiss, gewiss, doch darf ich Ihnen nun einen Tee anbieten, Herr Chirurg?"

Giesschnübler sagte zu und beide gesellten sich an das Tischchen im kleinen Salon, um sich bei einer Tasse Tee bekannt zu machen. Nach einiger Zeit des vergnüglichen Unterhaltens sagte dann Giesschnübler: „Doch nun, liebe junge Frau müssen wir zum Ende kommen. Ich muss neue Hirne zubereiten. Sie verstehen."

„Natürlich, mein Bester", erwiderte Steffi und wollte Giesschnübler schon zur Tür geleiten, als dieser ein großes Käsebeil unter seinem Gehrock hervor holte.

„Aber Giesschnübler, was haben Sie vor?"

„Nun liebste Steffi, verzeihen Sie, doch was glauben Sie, woher all die Leckereien stammen?"

Plötzlich öffnete sich die Tür zum Flur und herein trat ein Chilene. Steffi schrie vor Entsetzen. „Das ist der Chilene! Aber er ist doch schon tot! Doktor Giesschnübler, wie kann das sein?"

„Nun, Verehrteste, er ist ja auch tot. Zumindest besitzt er kein Hirn mehr, wie Sie hier sehen können." Behände hatte der Chirurg auch schon den Schädel des Chilenen geöffnet, der in der Tat eine gähnende Leere aufwies. Den Raum betraten nun, um Giesschnübler zur Hand zu gehen, die offensichtlich ebenfalls hirnlosen Hausbediensteten und auch der Dombaumeister selbst. Steffi aber war nicht mehr bei Sinnen. Nach ihrem Bewusstsein hatte sie wenige Minuten später ebenfalls ihr Hirn verloren. Doch glückte die Operation nicht in dem Maße wie Jahre zuvor bei dem Chilenen und bei all den anderen Schuppinern, die die Existenz Giesschnüblers gesichert hatten. Steffi verschied.

In Hohen-Premmen sprach man nicht viel über den verfrühten Tod. An Steffis Grab im elterlichen Gutshofe standen bald nach der Einsetzung des Grabsteins Mutter und Vater beieinander: „Ob wir nicht schuld sind, Schnief? Sie war am Ende vielleicht doch zu jung."
Darauf sprach der Alte: „Das sicher nicht, liebe Liese."

Last Exit

Stefan Berendes

Er weiß nicht, wie es weitergehen soll. In jedweder Hinsicht. Vor ihnen der Stau: Blech an Blech, soweit das Auge reicht. Weiter vorne hat sich ein Tiertransporter quergestellt. Verängstigtes Schlachtvieh blökt durch die Nacht. Kein Durchkommen. Kein Weiterkommen. Sie sitzt auf dem Rücksitz und atmet in kurzen heftigen Zügen. Die Wehen kommen jetzt schnell hintereinander.

Er weiß nicht, wie es weitergehen soll. Das war alles eine saudumme Idee.

Die Blechkolonne schiebt sich ein wenig vorwärts. Eine Ausfahrt. Eine Raststätte. Mit quietschenden Reifen hält er auf dem Parkplatz. Auf dem Weg nach drinnen muss er sie stützen. Sie kann kaum noch gehen.

Drinnen grelles Neonlicht und bahnhofshallenartige Atmosphäre. Zigarettenrauch und gedämpftes Murmeln. Schnitzel mit Pommes sieben Euro fünfzig. Er hilft ihr, auf einer Plastikbank Platz zu nehmen. Der Schweiß steht ihr auf der Stirn, ihre Atmung geht heftig. Es dauert nicht mehr lange.

Er muss jetzt für sie da sein. Er muss jetzt klar denken. Er braucht jetzt kaltes Wasser.

Sie hat noch nie in ihrem Leben solche Schmerzen gehabt. Es frisst sie auf. Noch zwei Wochen, hat die Ärztin ihr gesagt. Vermeiden Sie Stress und lange Autofahrten. Sie muss fast lachen, aber das würde jetzt zu sehr weh tun. Wo geht er hin? Er soll sie nicht alleine lassen. Nicht jetzt!

Er spritzt sich Wasser ins Gesicht. Das Licht auf der Toilette flackert. Am Spiegel fehlt die linke untere Ecke. Er sieht schlecht aus, Blässe, Augenringe, das ganze Programm. Er weiß nicht, wie es weitergehen soll.
Er ist nicht gut für sie. Das haben alle gesagt (auch ihre Eltern, vor allem ihre Eltern). Er hat sich nie darum gekümmert, aber an schlechten Tagen glaubt er manchmal selbst daran. An ganz schlechten weiß er, dass es die Wahrheit ist.
Er ist ein Taugenichts. Nichts gelernt, nichts geworden. Solange Du die Füße unter meinen Tisch stellst,...
Sie ist das Einzige, was ihm wichtig ist. Wenn er mit ihr zusammen ist, fühlt er sich wie ein besserer Mensch. Wenn er mit ihr zusammen ist, möchte er zumindest ein besserer Mensch werden. Wenn es doch nur eine Lösung gäbe...
Ihre Eltern hätten eine Lösung gewusst. Eine Lösung, in der er nicht vorkam. Und das Baby...
Er denkt zurück an das Reihenhaus mit dem gepflegten Garten. An den frisch gemähten Rasen und die ordentlich geharkten Beete. Und an die gestärkten Rüschengardinen vor den Fenstern. Und an die Zimmer hinter den Fenstern, in denen es immer eiskalt war.
Sie mussten weg, sie mussten da raus. Flucht nach vorne. Bis zu diesem verdammten Stau. Er legt den Kopf an die kalte Fliesenwand. Nur kurz. Er muss zurück, er muss jetzt zu ihr.

Sie spürt, dass es anfängt. Um sie herum Menschen, aber sie ist ganz allein. Fernfahrer kommen herein und beschweren sich lautstark über den Stau. Am Nebentisch sitzen drei Männer. Sie tragen Sonnenbrillen, obwohl es schon Abend ist. Einer von ihnen ist schwarz. Er lacht. Die weißen Zähne blitzen wie Perlen in seinem dunklen Gesicht.

Der Schmerz kommt so heftig, dass er ihr den Atem nimmt. Sie versucht, alles so zu machen, wie sie es gelernt hat. Erinnert sich an absurde kleine Anweisungen, die mit der Wirklichkeit nicht das Geringste zu tun haben. Der Beckenboden ist das Wichtigste. Ruhig atmen. Ruhig und gleichmäßig.
Dann ist er wieder da. Gleich neben ihr. Hält ihre Hand. Er weiß nicht mehr weiter, sie sieht es in seinem Gesicht. Sie würde ihm jetzt gern sagen, dass es nicht schlimm ist. Aber sie hat gerade andere Probleme.

Er hält ihre Hand. Ihr Griff ist wie ein Schraubstock, aber sie ist so blass. Ihr Atem kommt jetzt stoßweise. Sie stirbt, oh mein Gott! Sie stirbt!
Um sie herum ist es jetzt völlig still. Selbst die Fernfahrer haben ihr lautstarkes Lamentieren unterbrochen. Die Luft ist zum Schneiden dick, die Stimmung zum Zerreißen gespannt. Alles, was er hört, sind ihr keuchendes Atmen und ihr Wimmern.
Hilf ihr, oh Gott, hilf ihr doch!

Sie weiß nicht, wie lange sie das noch aushalten kann. Alle starren sie an, aber das ist ihr egal. Der Schwarze lacht sein Perlenlachen: „Oh man, that is so far out!" Sie kann nicht mehr, sie hält das nicht mehr aus, sie will einfach nur noch...

Ein Schrei.

Sie sehen sich an. Es ist vorbei. Die Fernfahrer applaudieren donnernd. Surreal, fast wie im Zirkus. Aber es ist in Ordnung. Es ist alles in Ordnung. Es ist ein Junge.
Es wird schon irgendwie weitergehen. Eine neue Stadt, ein neues Leben. Es muss weitergehen. Alles ist besser als der bodenlose Abgrund hinter den gestärkten Rü-

schengardinen. Die drei Männer mit den Sonnenbrillen kommen näher. Einer öffnet seinen Aktenkoffer. Sie sehen weiße Pakete in Plastikfolie. Er wirft ihnen ein Bündel zu. Es ist Geld. Der Schwarze grinst. „For the little one, you know?" Dann gehen sie.

Weiter vorne steht der Viehtransporter endlich wieder gerade. Die Fernfahrer steigen wieder in ihre Laster und jagen hinaus in die Nacht. Der Stau beginnt sich aufzulösen. Noch ein kurzes Blöken in der Dunkelheit, und alles ist vorbei.

Es ist Weihnachten.

Mit herzlichem Dank an:

Wiglaf Droste für Inspiration & den Namen Kommunikaze

Prof. Dr. Wolfgang Becker / Heiko Schlatermund / Bildungsvereinigung Arbeit und Leben Niedersachsen Nord / Veit Larmann / Mario Rehse / Axel Berendes / Florian Stöhr / Carla Börgel / Birgit Bornemann / Gernot Tietze / Lennart Neuffer / Buchhandlung zur Heide / Klaus Terbrack / Jörg Ehrnsberger / Birgit Müller / Holger Tepe / Gaby Rose / Studierendenschaft der Universität Osnabrück

Mit Unterstützung durch:

Studentenwerk Osnabrück
... damit Studieren gelingt!

Service rund um's Studium

LIEBLINGS-ZEITSCHRIFT:

Wo befindet sich das einzige Penismuseum der Welt? Wie macht man in geduckter Haltung Karriere? Wer oder was ist Ömmes? Wie wird man deutscher Bundestrainer? Was ist mit dem deutschen Fernsehen los? Wie kann man trotz Bahnstreik das Leben in vollen Zügen genießen? Was ist aus MacGyver geworden? Wozu ist das Internet wirklich gut? Und was macht eigentlich Jan Paulin in Dunaszekcső?

Kommunikaze fragt nach, wenn sich sonst keiner traut. Investigativ, schonungslos, möglicherweise ganz gut.